公共图书馆自建资源整合研究与实例分析

梁蕙玮　著

國家圖書館出版社
National Library of China Publishing House

图书在版编目(CIP)数据

公共图书馆自建资源整合研究与实例分析/梁蕙玮著. --北京:国家图书馆出版社,2014.7

ISBN 978-7-5013-5332-3

Ⅰ.①公… Ⅱ.①梁… Ⅲ.①公共图书馆—图书馆事业—研究
Ⅳ.①G258.2

中国版本图书馆 CIP 数据核字(2014)第 097744 号

书　　名 公共图书馆自建资源整合研究与实例分析
著　　者 梁蕙玮　著
责任编辑 高　爽　杨晓利

出　　版 国家图书馆出版社(100034　北京市西城区文津街 7 号)
(原书目文献出版社　北京图书馆出版社)
发　　行 010-66114536　66126153　66151313　66175620
66121706(传真),66126156(门市部)
E-mail btsfxb@ nlc. gov. cn(邮购)
Website www. nlcpress. com ——→投稿中心
经　　销 新华书店
印　　装 北京佳顺印务有限公司
版　　次 2014 年 7 月第 1 版　2014 年 7 月第 1 次印刷

开　　本 710×1000(毫米)　1/16
印　　张 12.5
字　　数 150 千字

书　　号 ISBN 978-7-5013-5332-3
定　　价 48.00 元

目　录

图 目 录

表 目 录

前　言

数字图书馆的飞速发展,带来了图书馆自建资源建设的热潮。作为重要的文化信息服务机构,公共图书馆不仅要提供全方位、多方面的服务,更要提供所在地理区域内的特色服务,而自建资源正是提供这些特色服务的基础,因而各级公共图书馆都根据自身的情况建设了大量的自建资源。这些自建资源或是通过对馆藏资源数字化,或是通过对网络资源采集等方式获取,在内容上一般以反映本地区特色的自建资源居多,另外还有一些服务本地区经济的实用性资源。这些自建资源已经成为公共图书馆馆藏资源的重要组成部分,对弘扬地方文化传统,促进地区经济、文化发展意义重大。

尽管公共图书馆在自建资源建设方面取得了很大的成果,但还存在一些不足之处,如:整体上缺乏统筹协调,各馆独立开展资源建设,各自的加工系统、组织方式及著录标准都不一致,使得各数据库很难兼容;自建资源单独提供服务,没有很好地与图书馆的其他资源进行整合;宣传推广不够,基本上在各自图书馆网站上提供服务,用户知晓度不高;等等。因此,为进一步发挥图书馆自建资源的作用,对图书馆自建资源进行整合,已势在必行。

本书从公共图书馆自建资源现状出发,详细介绍国家图书馆自建资源情况以及各省公共图书馆自建资源情况,在此基础上开展对自建资源整合的探讨,对全面了解我国公共图书馆自建资源现状有一定的价值。

自建资源整合包括图书馆内部各种自建资源自身的整合、自建资源和商购资源的整合,以及图书馆界自建资源整合等多方面的整合,整合的技术、方式也多种多样。本书从工作实践出发,结合近十年资源整合的工作经验和实际案例,深入浅出地介绍自建资源整合的常用技术,包括元数据技术、链接技术、跨库检索技术和元数据仓储技术;以及图书馆资源整合的常用方式,包括网络信息导航、专题资源库、OPAC 整合及统一检索平台等。

在对自建资源整合进行阐述的同时,本书对主要的整合技术和整合方式都提供了实际案例分析,包括国家图书馆采用 Metalib 对自建资源的整合、数字图书馆推广工程元数据仓储的建设、国家图书馆网络导航的建设、国家图书馆政府公开信息专题库建设、国家图书馆 OPAC 整合项目以及国家图书馆文津搜索系统建设等六个项目。这些项目笔者都曾参与，通过实际工作，更能体会到各种整合方式的优点与不足之处，书中所列的案例正是笔者亲身体会的总结。

本书得以完成要感谢各省级、副省级公共图书馆同仁的支持与协助；感谢国家图书馆各位领导的支持与帮助；感谢国家图书馆数字资源部整合组萨蕾、李荣艳、冯红娟、曲云鹏、封硕、叶升阳等同事的辛勤付出；感谢国家图书馆出版社编辑的细致审核。正是在各方的共同努力下，本书才得以顺利出版。

本书撰写过程中，参考大量中外文资料，在此向所有参考文献的作者表示诚挚的感谢！

本书以笔者工作实践为基础进行撰写，行文通俗易懂，可以作为自建资源整合的普及性读物。六个实例分析各有侧重，代表不同的整合方式，具有较强的实用性，适合从事自建资源整合的图书馆同仁参考。

由于研究能力与研究时间有限，因此对有些问题的研究还不够全面与深入。对于错误与疏漏之处，敬请各位专家学者及图书馆同仁不吝赐教。

梁蕙玮

2013年12月

1 引言

随着信息技术的发展,公共图书馆越来越重视对馆藏资源、网络资源的开发与利用,建设了许多数字资源及资源库为用户提供服务。如:国家图书馆对其所收藏的部分珍贵古籍资源,包括甲骨、拓片、敦煌文献、西夏文献、地方志、老照片、手稿、宋人文集等,进行数字化为读者提供服务;首都图书馆从所藏古籍文献中拣选各类插图1.4万余幅制作了古籍插图图像数据库;上海图书馆的"上海年华"特色资源,以"图片上海"的形式发掘和整理了该馆馆藏地方文献中的图片资源,并进行数字化,全方位地向读者介绍了上海悠久的历史和文化以及上海改革开放以来取得的成就;天津图书馆建设了津门曲艺、天津民俗、天津地方志、天津抗战记事等一系列的地方特色资源等。总体来说,大型的省市级公共图书馆都已开展了该项工作。但由于这些资源或资源库都是各个图书馆基于自身需要而建设的,在标准规范、实现技术、使用方式等方面都存在着很大的差异,并且多数都仅在各自图书馆的网站上进行展示,也很难产生规模效应,知晓的用户也不多,因此如何对图书馆自建资源进行整合,以充分发挥其价值也成为图书馆研究的一个方向。

图书馆自建资源整合的目标是通过各种方式对各个图书馆自建资源进行科学有效的组织,使其能够形成一个新的有机整体,并为用户提供统一的检索服务,便于用户对资源的发现与获取。

对公共图书馆自建资源进行整合有着如下的意义:

有利于读者全面了解公共图书馆馆藏资源的整体面貌,提高资源的利用率。将公共图书馆的各种资源整合在一起,读者在一个界面下通过各种分类浏览的方式就可以了解各个图书馆的资源,有针对性地获取信息资源;同时又可根据关键词、题名以及学科分类等检索点对多个数据库进行检索来查询多个图书馆的资源。这样既节省了读者的检索时间,又提高了文献的查全率和查准率,形成一个知识一体化的知识服务网络,发挥文献资源的最佳效益。

有利于满足读者多元化的信息需求。图书馆现有各类资源由于其自身的局限性或者使用界面不统一等问题,不能充分满足读者的不同需要,提供的资源单一容易导致读者对信息的理解困难,使读者对信息的利用难度加大。对公共图书馆界资源进行整合可以弥补这些缺陷,所提供的服务可以满足读者多元化、多层次的需求。

有利于促进公共图书馆信息服务平台的建设。公共图书馆在信息社会中所起的核心作用是信息的加工及服务,有效地对各种资源进行开发与整合是图书馆进行信息服务的基础。图书馆通过科学的手段和方法对信息资源进行整合与管理,可以准确地揭示信息资源并充分挖掘资源的内涵,从而全面地满足社会的信息需求。

有利于指导公共图书馆馆藏建设。有效地整合并揭示公共图书馆界的各类自建资源,可以使公共图书馆资源建设人员全面了解本馆及其他公共图书馆自建资源状况,及时调整资源建设策略,避免不必要的重复建设,尤其是对古文献等珍贵资源的重复数字化。

2　自建资源整合概述

2.1　自建资源概述

2.1.1　基本概念

自建资源是指图书馆依靠自己的馆藏文献与信息组织技能，通过数字化、网络资源采集、资源导航和专题资源库建设等途径建立和丰富数字馆藏①；在图书情报界通常将图书馆建设的馆藏书目数据库、专题特色数据库和有效组织的网络资源统称为自建资源②。

2.1.1.1　类型

图书馆自建资源的种类和形式多样，可以从不同的角度对自建资源进行划分：

按照目前图书馆常见资源类型可分为全文类资源，如电子图书、电子期刊、电子报纸、电子论文等；二次文献类资源，如题录、文摘、索引等；工具类资源，如电子百科全书、电子年鉴等；专题数据库资源，即以某个专题为主线，收集各类型资源制作的数据库。

按照自建资源的使用方式可划分为互联网访问资源，指用户可以通过互联网直接访问到的资源，包括互联网公开资源、通过专用账号或代理服务器的远程访问资源；局域网访问资源，指用户需要到图书馆内，通过图书馆的局域网访问的资源；本地光盘访问资源，即资源采用光盘存储方式，在使用时需通过光盘才能进行检索。随着网络环境的改善及信息技术的发展，光盘访问的方式已经不多见了。

按照自建资源的分布区域可划分为本地馆藏资源，即从地理位置上是图书馆的资源，资源是保存在图书馆服务器中，所有权归图书馆；虚拟馆藏资

---

① 申晓娟，周晨，韩超.《数字图书馆资源建设指南》解读[J].中国图书馆学报，2011(1):38－46.

② 魏大威.数字图书馆理论与实务[M].北京：国家图书馆出版社，2012:26.

源，是指资源本身不在图书馆内，可以通过计算机系统和通信设备获取的网络资源，虚拟馆藏资源一般经过图书馆工作人员的组织，便于用户的使用。

按照自建资源的建设方式，可以分为数字化资源，包括图书馆通过扫描、拍摄等方式对馆藏实体资源进行数字化加工所获得的馆藏数字化资源和通过摄像、录音、拍照等方式所获取的各种类型的原生数字资源；网络采集资源，指图书馆通过技术手段，对网络资源进行本地化处理所获得的资源。

2.1.1.2　特点

由于自建资源属于数字资源的一部分，因此自建资源具有数字资源的特点，如具有流动性、可重复使用等，还具有如下特点：

地域特色强。当今网络环境下，公共图书馆自建资源既不可能也不需要"大而全"，特色资源的建设已成为公共图书馆自建资源的主要亮点。在这种思想的指引下，各公共图书馆都很重视特色数据库的建设工作，如首都图书馆的旧京戏报数据库、首图讲坛资源库，上海图书馆的上海年华数据库，广西壮族自治区图书馆的广西戏剧专题资源库、广西民国照片库，辽宁省图书馆的《盛京时报》数据库，湖南省图书馆的湖南近代人物资源库、湖南地方戏剧数据库，福建省图书馆的闽南文化数据库、福建文化记忆库、客家文化库等。

资源经过选择与组织。公共图书馆的自建资源建设都是紧密结合图书馆的自身情况和用户需求来进行的，因此图书馆自建资源有严格的资源建设与评估标准，对所选取的资源有一定的质量要求，同时图书馆的自建资源一般需要制作元数据，从而进行科学的组织和控制，是一种高质量稳定的信息资源和知识资源，具有很高的学术价值。

便于检索与获取。图书馆的自建资源，尤其是各式各样的数据库，通常采用规则的操作方式，直观浅显、灵活多样、操作方便。可以按照学科分类逐级进行查询，也可以通过资源系统配备的检索引擎检索。用户可以从书名、篇名、作者、主题词、自由词、全文等多途径来进行检索，可以选择一般检索、高级检索、二次检索等功能进行布尔逻辑检索、相邻检索、截词检索或位置检索等，快速地获取所需信息，检索效率很高，节省时间和精力。

2.1.1.3　意义

对公共图书馆来说，开展自建资源建设与服务具有重要意义。

公共图书馆作为重要的文化信息服务机构，不仅要提供全方位、多方面的服务，更要提供所在地理区域内的特色服务。目前公共图书馆的资源主要是由商购资源和自建资源构成。商购资源使图书馆趋同性比较强，尤其在网络时代，图书提供的数字资源若大体相同，则势必降低对读者的吸引力，图书馆的价值将大打折扣；而自建资源正是公共图书馆特色的体现，是践行《图书馆服务宣言》之“实现传播知识，传承文明的社会功能”的需要，也是提高公共图书馆知名度、美誉度的重要举措。

公共图书馆的读者需求是多样化和多层次的，大多数普通读者可能只是需要一般的信息资源，而一些特殊的（如研究型）读者则可能要求图书馆提供某个学科或某个范围内系统全面的信息资源。为了满足这部分读者需求，公共图书馆根据自己的条件建设特色资源，并开展特色资源服务，对整体提高用户的满意度有重要作用。

公共图书馆特色资源本身蕴含了其所在地区的文化气息和地方特色，公共图书馆建设特色资源，开展特色资源服务，对于该地区形成有特色的地方文化中心，弘扬地方文化传统，促进地区经济文化发展意义重大。

随着信息技术的飞速发展和数字资源建设力度的不断加强，自建资源越来越成为公共图书馆文献资源建设的重要组成部分，自建资源在保障读者的需求方面发挥着不可替代的作用。

2.1.2 公共图书馆自建资源现状

随着信息技术的发展，网络服务已经成为公共图书馆服务的重要方式，为避免大量外购资源给公共图书馆带来的趋同化，公共图书馆越来越重视自建资源的开发，建设了很多有价值的自建资源。

2.1.2.1 国家图书馆自建资源

国家图书馆一向比较重视资源的开发利用，截止到2012年年底，已有自建资源742.5TB，其中馆藏特色资源数字化694.9TB、全文数据2亿页，网络导航和网络资源采集30.7TB，数字资源征集12.4TB，电子资源呈缴4.5TB，主要包括电子图书、电子期刊、电子报纸、学位论文、音视频和古籍等各种类型的资源。

- 电子图书：包括中文图书、少儿图书、民国图书、少儿连环画等，国家图书馆从2000年开始，从馆藏图书中挑选部分优秀的图书进行数据化制成电子图书，目前已经有40万册图书，这些图书可以在网络上免费阅读前24页。
- 电子期刊：主要是民国期刊，为了有效地对民国文献进行保护与利用，国家图书馆早已完成馆藏民国期刊的缩微胶片制作，近年来又开展缩微胶片的数字扫描工作并制作成资源库。民国中文期刊资源库以书目数据、篇名数据、数字对象为内容,提供简单检索、高级检索、二次检索、关联检索和条件限定检索。现提供4351种期刊电子影像的全文浏览。

- 电子报纸:包括报纸数字化,主要是对历史报纸数字化进行尝试,完成了对《益世报》缩微胶片的数字化,共400拍在网上提供服务。另外还有网络采集的报纸约200种。

- 学位论文:是以国家图书馆收藏博士论文为基础建设的学位论文全文影像数据。目前博士论文全文影像资源库以书目数据、篇名数据、数字对象为内容,提供20万余种博士论文全文前24页的展示浏览。

- 音视频:音视频资源是国家图书馆馆藏中的重要组成部分。自1987年以来音视频资源收藏已达15.8万余种,其中音频资料5.7万余种,视频资料10.8万余种。载体形式包括录音带、CD、MP3等音频资料及录像带、LD、VCD、DVD等视频资料,目前音视频资料每年还以7000至8000种的入藏速度不断丰富着馆藏。这些音视频资源内容涵盖政治、经济、文化、教育以及工业、农业、医学等各个学科领域,内有很多优秀的国内外影视资料及音乐资料为收藏珍品,可为来自不同领域的读者提供不同的音视频服务。为保存这些珍贵资料,国家图书馆开展了多年音视频资源的数字化工作,已完成数字化音频资源515 889首,数字化视频资源53 305小时。

- 国图讲座:国图讲座是国家图书馆面向社会,面向大众推出的双休日学术文化系列讲座。保存我国优秀古代文化典籍,培养中华文化传人,使文明薪火代代相传,发挥继续教育和社会教育的功能,是国家图书馆神圣而重要的使命。早在20世纪50年代,在文津街7号,一流学者的公益性学术讲座,启迪众多年轻学子,使他们走上学术研究道路。今天,身处全球信息化时代,古老的中华文明作为现代文明的源头越来越受到重视,也吸引了更多的人从中寻找现代文明发展的动力。以国图宏富的馆藏为基础,加之学术界的广泛支持,主讲人或为德高望重、岳峙渊渟的学界前辈,或为风华正茂、见解精到的学术中坚,国内外著名专家学者莅馆开讲,深入浅出地讲授他们毕生研究的精华。作为中华民族优秀文化典籍的收藏单位,国家图书馆面向公众推出精选的国图讲座视频资源,期望让更多的优秀文化为大众所共享。目前国图的在线讲座包括文津讲坛、文津沙龙、中国典籍与文化系列讲座以及一些其他的讲座,这些都是面向社会公众的。此外,国家图书馆还不定期的举办一些业务讲座,并将讲座的视频放在网上,供员工内部使用。

- 特色资源:国家图书馆根据馆藏情况,开发了诸如数字方志、碑帖菁华、甲骨世界、西夏文献、年画撷英、前尘旧影、宋人文集等一系列特色资源，详见表1。

表1 国家图书馆自建特色资源

名称	内容
数字方志	地方志文献为我国所特有，也是国家图书馆独具特色的馆藏之一，所存文献数量与品质极高；数字方志采用数字图书馆方式，整理、加工编纂清代（含清代）以前的方志资源，将有利于保存、传播、研究、开发中华特色文化，推动数字资源建设
碑帖菁华	以国家图书馆藏有的历代甲骨、青铜器、石刻等类拓片23万余件为基础建设了馆藏石刻拓片数字化资源库，内容涉及历史、地理、政治、经济、军事、民族、民俗、文学、艺术、科技、建筑等方面，现有数据2万余条
甲骨世界	甲骨被誉为20世纪四大文献发现之一，集文献性、文物性、收藏性于一身，是研究我国商朝晚期不可多得的珍贵史料，甲骨世界包括甲骨元数据2964条，影像5932幅；甲骨拓片元数据2975条，影像3177幅
西夏文献	国家图书馆馆藏西夏文献大多为西夏、元代孤本，距今有七八百年的历史，与宋、元时期的善本属于同一时代；馆藏西夏文献的纸张、封面和题签的绢绸，分别是研究古代西夏、元代纸张、丝绸质料及制作的珍贵实物资料；馆藏西夏文献对研究西夏佛教史具有重要价值，馆藏西夏文献数字资源库内容包括馆藏西夏古籍书目数据124条，馆藏西夏古籍原件影像近5000拍；同时，还收集整理了研究西夏的论文千余篇，制作成西夏研究论文篇名数据1202条
年画撷英	国家图书馆收藏了4000余幅年画作品，从中精选出一部分制作了馆藏年画数字化资源库，并为每种年画编写了内容说明，重点介绍了该年画的故事梗概、历史背景、制作特色和相关知识
前尘旧影	收录了国家图书馆收藏的新旧照片7000余种、10万余张，真实生动地记录了过去的社会事件、历史人物、城乡面貌、名胜古迹和建筑服饰等，人们可从中解读出不同历史时期特定事物的形象特征和真实信息，具有重要的历史价值
宋人文集	据记载，宋人文集约有1000余种，流传至今尚有700余种，国家图书馆精选所藏宋人文集善本275部，通过缩微胶卷还原数字影像，并辅以详细书目建成善本全文影像数据库，免费呈献给公众利用

另外，国家图书馆还开展了多项国际合作项目，如中华古籍善本国际联合书目系统、东京大学东洋文化研究所汉籍全文影像数据库、哈佛大学哈佛燕京图书馆善本特藏资源等。

中华古籍善本国际联合书目系统：该系统是由中文善本书国际联合目录项目发展而来的新数据库。中文善本书国际联合目录项目由美国研究图书馆组织（Research Libraries Group，RLG）建立。中文善本书国际联合目录数据库著录了北美图书馆的几乎全部藏书以及国内图书馆的部分藏书，数据达到2万多条。

2006年，美国研究图书馆组织宣布与联机计算机图书馆中心（Online Computer Library Center，OCLC）合并，并将全部数据转入OCLC的WorldCat数据库。近几年来，中文善本书国际联合目录项目已将其著录中约75%的首页书影进行了数字化扫描，并与数据库中的对应著录链接。

2009年6月，中文善本书国际联合目录项目向中国国家图书馆张志清副馆长提议，将其项目中心由美国普林斯顿转移至中国国家图书馆，并希望以原数据库为基础建立一个新数据库对外发布，由中国国家图书馆进行管理与维护。

在艾思仁先生和国家图书馆同仁的共同努力下，新数据库“中华古籍善本国际联合书目系统”初步建成了。它在内容方面将尽可能地借鉴原数据库，但是在形式上会更贴近中国的学术传统和需求。借此数据库可以了解到中文古籍善本的存藏状况，尤其是海外的收藏情况。

东京大学东洋文化研究所汉籍影像数据库：该库包括东洋文化研究所以数字化方式无偿提供给国家图书馆的中文古籍4000余种。

东京大学东洋文化研究所创办于1941年，时为“东京帝国大学”的附属研究所，上世纪90年代，东京大学东洋文化研究所开始建立古籍目录数据库，从2002年开始建立古籍全文影像数据库，在互联网上免费提供开放性服务。由于研究所的人力、资金都十分薄弱，研究所一直希望能够与各地图书馆共同努力，形成联合性的全文图像数据库。

在日本东京大学东洋文化研究所丘山新教授和北京大学历史系桥本秀美教授的积极推动下，2009年11月，在中国国家图书馆詹福瑞馆长访日期间，双方签署合作意向书。东洋文化研究所将所藏中文古籍4000余种，以数字化方式无偿提供给中国国家图书馆，在国家图书馆网站上面向读者提供服务。

哈佛大学哈佛燕京图书馆善本特藏资源:哈佛大学哈佛燕京图书馆藏中文善本古籍特藏,以其质量之高、数量之大著称于世。为了方便海内外学人便捷地利用这些资料进行研究,同时以数字化形式保存这些中华古籍精品,中国国家图书馆与美国哈佛大学图书馆协议共同开发这批资源,将在6年时间内,完成中文善本古籍4210种51 889卷的数字化拍照。

“哈佛大学哈佛燕京图书馆藏善本特藏资源”首批发布的中文古籍善本及齐如山专藏共204种。该系统可按照书名、著者、出版信息、分类等多维度进行检索和分类浏览,书目信息为中英文对照,更方便海外读者使用,同时提供全部书影的阅览,以便于用户的全面阅读和深入研究。其余数字化成果将在中国国家图书馆网站上陆续更新。

2.1.2.2　公共图书馆自建资源

公共图书馆已经开发了相当数量的自建资源,笔者以省级公共图书馆为例,对其网站上提供的自建资源进行了调查,在33个省级公共图书馆中,所有图书馆都开展了自建资源的建设,有些图书馆是对馆藏资源进行数字化,以网页的形式为公众提供服务;有些图书馆对自建资源进行了组织,制作了专题数据库。从建设内容来看,省级公共图书馆的自建资源主要集中在对地方特色资源的整合,对馆藏古籍、善本、手稿等资源的开发利用,对网络资源的整合,对特定专题的整合及对图书馆各种讲座的整合与服务等。

(1)对地方特色资源的整合

特色资源的开发与整合是各省馆自建资源中开发力度比较大的部分,多数图书馆的自建资源都紧密围绕当地特色进行。

如:首都图书馆建设的“旧京戏报数据库”。所谓戏报是指旧时的城市演出团体为了向观众展示当日、当场演出的剧团、剧目、演员、演出程序和演出地点等内容而制成的一种小型宣传品,近似于现代剧场演出的节目单。旧京戏报数据库收录从清朝光绪末年到1942年期间,北京城前前后后、大大小小40余家茶园、戏园和戏院印发的戏单。每一张戏单著录戏园名称、演出日期(考证日期用“[ ]”标出)和尺寸(宽度×长度)。该资源库为局域网访问,访问地址:http://www.bjmem.com/bjm/jjtd/。

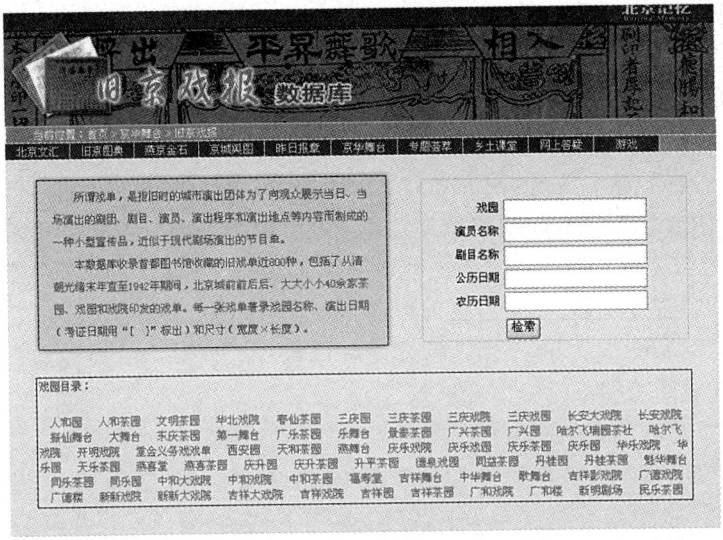

图 1　旧京戏报数据库

广西壮族自治区图书馆建设了“广西戏剧专题资源”。广西戏剧库涵盖了广西众多戏曲精品，包括彩调剧、桂剧、壮剧、邕剧、丝弦戏、师公戏、牛歌剧、文场、粤剧、采茶戏、苗戏、侗戏等十余个剧种，通过视频、图片、文字等手段全方位地展示了广西戏剧的历史、发展概况和优秀剧目，较全面地梳理、整合、保存了广西戏剧视频资源，将观众耳熟能详的传统剧目与现代高科技结

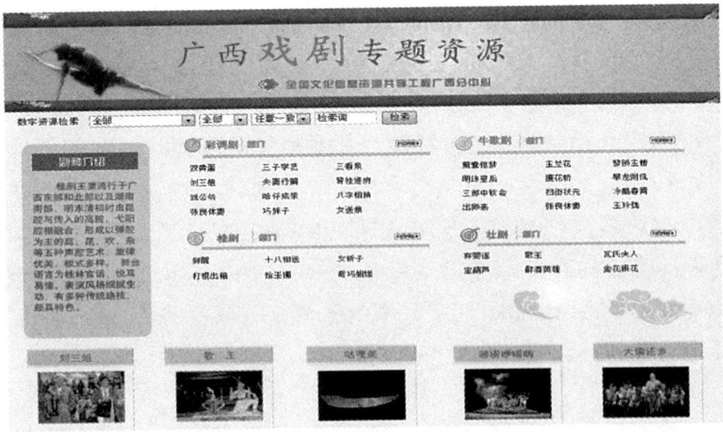

图 2　广西戏剧专题资源

合,使之变为随时可听可看的网络视频资源,向广大群众完整、全面地展示优秀广西民族民间戏剧。该资源库为互联网访问,访问地址:http://gxwh.gxlib.org.cn/gxxj/gj.asp。

(2)对馆藏古籍、善本、手稿等资源的开发利用

古籍善本类的资源一般均是各图书馆所收藏的珍贵资源,为使这些珍贵资源能为更多用户所接触,图书馆均加大了对古籍资源的数字化,并对其进行分析,构建各种专题数据库。

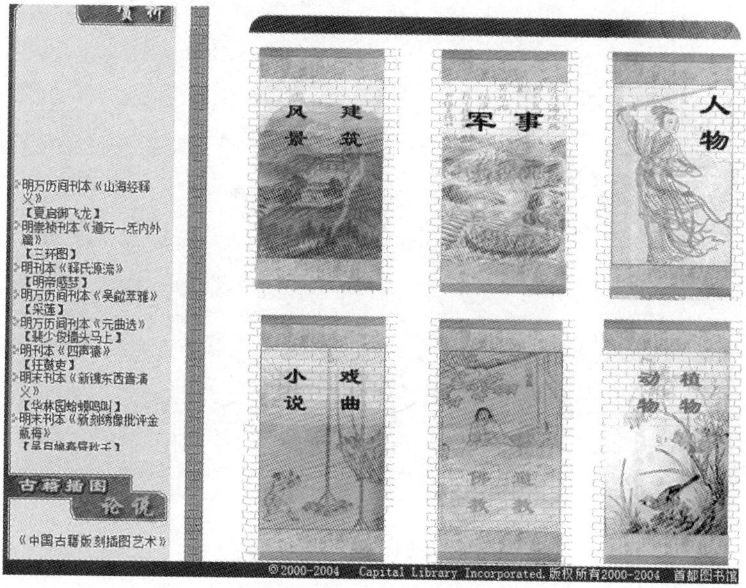

图3 古籍插图图像数据库

如:首都图书馆的"古籍插图库"。该数据库从首都图书馆所藏古籍文献中拣选各类插图1.4万余幅制作而成。每条数据包括插图影像和内容标引。插图包括17大类,即风景、建筑、军事、人物、动物、植物、历史故事、生活百态、民风民俗、器物、小说、戏曲、佛教、道教、书画艺术、诗画、其他。读者可以通过插图题名、责任者、图像类别(前述各类)、图中人物、地点、成图方式(木版、铜版、石印、影印)、绘制年代、插图来源文献题名等多种途径使用关键词进行检索,也可以分类浏览、选图赏鉴。该资源库为互联网访问,访问地址:http://query.clcn.net.cn/GJAndST/gjct1.htm。

南京图书馆的“老商标老广告数据库”。清末，世纪之交，商标制度和知识产权制度在此时开始被引入国内。老商标老广告数据库收录了民国时期的有代表性的商标图案和广告图案。该库内容覆盖纺织服装、食品烟酒、医药保健、日用化工、民俗民风、文化娱乐、商业金融、机械器用等领域。该库为互联网访问，访问地址：http://www2.jslib.org.cn/was5/web/lsbindex.htm。

图4　老商标老广告数据库

(3)对网络资源的整合

随着互联网的飞速发展，用户对网络资源的需求不断提高，图书馆也因此不断加强对网络资源收集整合的力度，使之成为图书馆的实体或虚拟馆藏。通常图书馆会以某个专题为主线，搜集整理网络的资源构成专题库，或者建立网站的专题栏目。

如：湖南省图书馆的网上湖南专题库，重点搜集、整理互联网上有关湖南的政治、经济、历史、文化及人物等方面的各种信息资料，是湖南地方文献数据库的重要组成部分，内容主要为各大报纸的报道性文章。

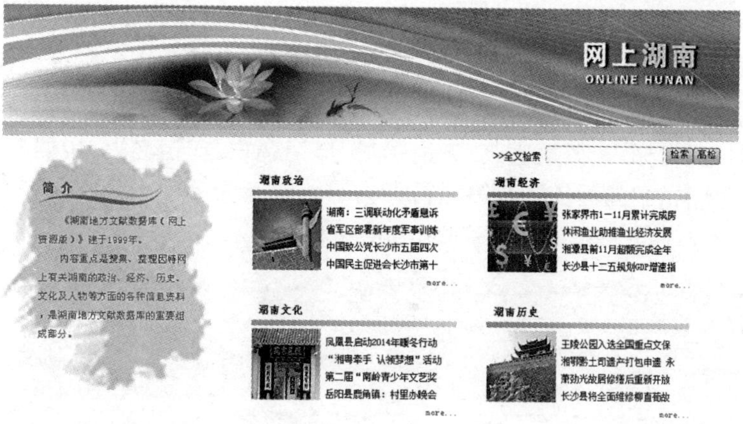

图5　网上湖南

如公共图书馆界联合开展的公共图书馆政府公开信息整合服务平台，该平台上的信息资源来自于各级政府网站的政府信息公开栏目，经过图书馆工作人员的整合后为公众提供服务。目前，该平台已有分站42个，资源总量超过200万条。

图6　中国政府公开信息整合服务平台湖北省分站

(4)对特定主题的整合

公共图书馆往往结合各种重大事件，或是选取某个主题，集中图书馆收藏的各类文献资源，制作专题数据库，以满足用户的特定需求。

如：南京图书馆在2008年发布的一个以奥运为主题的数据库——“奥运

世界　中华圆梦”图像数据库。数据库以精彩的图片、精心的编辑，再现了中国体育运动从古至今的发展轨迹，再现了奥林匹克运动发展的历史。该库着重介绍了第29届夏季奥运会和第13届残奥会的比赛项目、项目标识、比赛场馆等，包括奥运标识、奥运盛典、奥运赛场、奥运赛事、奥运名人、历届奥运会、中国古代体育、中国近代体育等栏目等内容。该库为互联网访问，访问地址：http://www2.jslib.org.cn/was5/web/aoyun.htm。

图7　南京图书馆的“奥运世界　中华圆梦”图像数据库

上海图书馆建设的上海与世博库。该资源库包括“世博记忆”和“参展珍闻”两部分。“世博记忆”以有中国参与或与中国有关的历届世博会为轴，上起1851年英国伦敦世博会，下迄1933年美国芝加哥世博会，汇聚呈现一批世博会场、各国尤其是中国的展馆和展品的照片及相关文献书影，使人对中国与世博悠长、密切的关系留下直观而深刻的印象，这些图片来自于上海图书馆馆藏的西文文献、近代文献、古籍以及历史原照。“参展珍闻”则以文本内容为主，以人、事、物为主题概念，分篇讲述中国在世博会历史上值得一书的人物、事件及事物。该库为互联网访问，地址：http://expo.library.sh.cn/。

图8　上海与世博库

(5)对公共图书馆各种讲座的整合与服务

由于公共图书馆具有社会教育的职能,在图书馆普遍开设了各种类型的讲座培训。近些年,图书馆开始对这些讲座培训进行摄制,制作成音视频课件,放在网上为更多的用户所分享。公共图书馆自建资源中,各种“讲坛”“讲座”类的资源随处可见。

如:首都图书馆的“首图讲坛”。首图讲坛是首都图书馆2001年开设的面向公众开放的公益讲座,是首图精心打造的文化服务品牌,它结合时事,关注读者需求与社会热点,以道德精神修养、历史文化传承、科学知识普及、文化艺术欣赏、未成年人成长教育等内容为主要选题领域,邀请各领域的专家学者,为市民及未成年人举办免费专题讲座。旨在推动全民阅读风尚、提升社会民众的科学文化素养、满足民众获取文化信息资源的需求。

首图讲坛设有六大常规板块:乡土课堂、尚读沙龙、健康课堂、上品课堂、特别策划、成长课堂,分别定位在普及北京历史文化、推动全民阅读风尚、介绍科学保健知识、树立积极生活态度、解读社会时事热点、致力青少年科普及家庭教育。该资源库为互联网访问。访问地址:http://www.clcn.net.cn/modules/event_video/。

湖北图书馆建设的“长江讲坛”。长江讲坛是由湖北省委组织部、湖北省委宣传部、湖北省委省直机关工委、湖北省文化厅主办,由湖北省图书馆具体承办的周末公益讲座活动。讲坛下设“长江讲坛·湖北干部讲堂”“长江讲坛·省直机关周末大讲堂”“长江讲坛·文化沙龙”等系列。活动地点在湖北省图书馆长江报告厅、洪山礼堂。“长江讲坛”以湖北经济、政治、文化、社会、生态为主线,以荆楚文化乃至中华优秀历史文化为重点,围绕省委、省政府中心工作,关注社会焦点、热点问题。讲座原则上一次一个专题,每周一次,全年共约50场。

图9　首都图书馆的首图讲坛

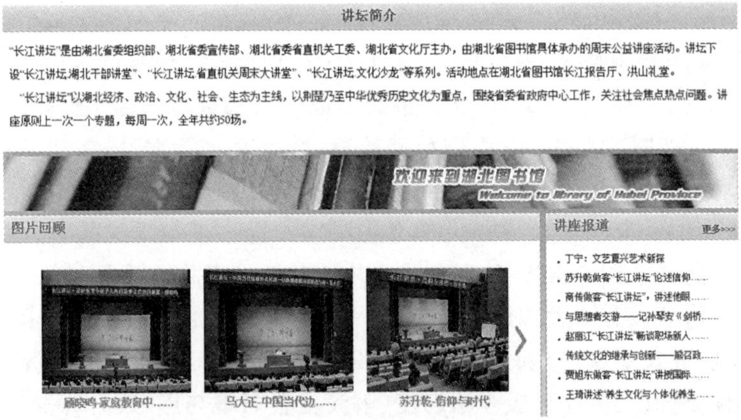

图10　湖北图书馆的“长江讲坛”

以上选取了部分省级公共图书馆有代表性自建资源进行了简要介绍,更多的自建资源情况见“附录　省级公共图书馆自建资源列表”。

2.1.3 公共图书馆自建资源特点

自建资源在公共图书馆已越来越受到重视,各馆纷纷投入人力物力来开展自建资源建设的工作,不同图书馆的自建资源也呈现出不同的特色。

国家图书馆由于具有国家馆和公共馆的双重职能,在自建资源的开发建设中,有其独特之处,如:作为国家馆,自建资源开发力度大,资源类型多、数量大,每年新增近百 TB 的自建资源;对古籍的开发力度大,不仅对本馆的各类古籍资源进行了开发,同时通过古籍普查等多个重大工程,带动业界共同建设相关资源;凭借雄厚的资源优势和人才优势,开展了多项国际合作。作为公共图书馆充分发挥图书馆的社会培训职能,持续举办各种培训讲座,并制作成各种资源库为公众提供服务。

公共图书馆因其主要为当地的用户提供服务,因此在自建资源的建设中,地方特色比较浓郁,如北京记忆、上海年华、北大荒专题等,几乎每个省馆都有反映本地区特色的自建资源;其次,多数图书馆能够根据本馆馆藏情况建设一批有特色的资源,如大连馆的老照片、辽宁省馆的老报纸、深圳市图书馆的大运足迹等;另外,还有部分省馆本根据本地区的实践需求建设了一些服务本地区经济的实用性资源,如广西壮族自治区图书馆的农民进城务工技能库、广西社会主义新农村建设专题资源库等。在建设方式上,共建共享意识逐渐加强,部分省馆能够联合本省其他图书馆建设一批优质数字资源,如浙江网络图书馆的地方资源频道包含了本省的主要数字资源。另外,部分公共图书馆开始对资源内容进行深入挖掘,建立了资源之间的关联关系,资源展示丰富立体,如上海年华的电影记忆栏目将电影明星与其作品建立了关联,图片上海栏目通过人物、地点、机构、时间等将相关图片进行了关联。

但是,不论是国家图书馆还是地方图书馆,在自建资源建设方面还存在一些不足之处,如:整体上缺乏统筹协调,基本是各馆独立开展建设,加工系统、组织方式及著录标准都不一致,各个数据库很难兼容;自建资源基本上独立于图书馆其他资源外,单独提供服务,没有很好地与图书馆的其他资源进行整合;资源揭示程度不一,很多种资源尤其是原生数字资源的著录大部分都很简单,如对照片著录,多数都不能为用户提供资源的详细说明;资源类型比较单一,多数都是某一种类型的资源,如古籍影像库、图片库、人物库等,多种类型资源并存的比较少,因此资源的深度挖掘与知识关联做得较少,碎片化现象严重;资源库建设完成后的后期维护不够,有些库成了死库,可持续性不强;另外,在网站服务上,很多自建资源藏得很深,经常需要通过好几次链接跳转才能找到,这样很不易于资源的发现与利用。由于以上问题的存在,对公共图书馆自建资源进行进一步的整合也势在必行。

2.2 资源整合概述

2.2.1 概念

整合,可以理解为由两个或两个以上事物、现象、过程、属性、关系、信息、能量等在符合一定条件、要求的前提下,融合、聚合或重组成一个较大整体的发展过程及其结果①。包含两个层面的含义:一是“聚合”(汇合、集合),即运用现代信息技术将异构的信息资源链接在一起;一是“组合”(融合),即通过各种技术和手段,将所集合的各种信息资源进行规范、科学地组织,以供方便、快捷、高效地利用②。

对数字资源整合,目前并没有统一的定义,肖珑认为数字资源整合就是将分散的资源和服务,按一定的知识管理规则和服务目的组织在一起。

李希明等将其定义为,通过中间技术(指数字资源无缝链接整合软件系统),把不同来源和不同通信协议的信息完全融合,使不同类型、不同格式的数字资源实现无缝链接③。

黄晓斌认为是在各种数字资源自主性、分布性、异构性的基础上,运用各种集成技术和手段将各类数字资源集成在统一的利用环境下,实现“一步到位”的检索,让用户极其方便地利用各种数字资源,为其节省宝贵的时间和精力④。

马文峰认为数字资源整合是指数字资源优化组合的一种存在状态,是依

---

① 马文峰.数字资源整合研究[J].中国图书馆学报,2002(4):63-66.

② 马文峰,杜小勇.数字资源整合:理论、方法与应用[M].北京:北京图书馆出版社(今国家图书馆出版社),2007:46.

③ 李希明,土丽艳,金科.从信息孤岛的形成谈数字资源整合的作用[J].图书馆论坛,2003(6):121-122.

④ 黄晓斌,夏春明.数字资源整合研究的现状及发展方向[J].情报理论与实践,2005(1):75-77,112.

据一定的需要,对各个相对独立的数字资源系统中的数据对象、功能结构及其互动关系进行融合、类聚和重组,重新结合为一个新的有机整体,形成一个效能更好、效率更高的新的数字资源体系。数字资源整合是一种组织、管理数字资源的理念,是一种优化、重构数字资源的过程,也是一种有效利用数字资源的环境①。

苏新宁认为信息资源整合是指将某一范围内的,原本离散的、多元的、异构的、分布的信息资源通过逻辑的或物理的方式组织为一个整体,使之有利于管理、利用和服务。我们也可以这样来理解信息资源整合,就是把分散的资源集中起来,把无序的资源变为有序,方便用户查找信息、方便信息服务于用户。这也是广义的信息资源整合概念,它包含了信息采集、组织、加工以及服务等过程②。

李家清认为信息资源整合指将多种来源的信息资源进行搜集、评价、排序、过滤、分类、标引、建库等加工,使读者能够通过统一的检索平台查找和浏览相关信息资源的一种服务方式,也指相对独立的信息资源实现无缝链接并进而产生新质的一种知识组织方法③。

综上所述,笔者认为数字资源整合,不仅仅是把数字资源聚集在一起,而是涉及对信息的描述、组织、处理、整序、检索、服务等方方面面。数字资源的整合包含两个层面:一是资源组织,即通过各种技术和手段,将所集合的各种信息资源进行规范、科学地组织,以供方便、快捷、高效地利用;二是资源聚合,依据一定的需要,对各个相对独立的数字资源系统中的数据对象、功能结构及其互动关系进行融合、类聚和重组,重新结合为一个新的有机整体,形成一个效能更好、效率更高的新的数字资源体系。使原本离散的、多元的、异构的、分布的信息资源通过逻辑的或物理的方式组织为一个整体,从而有利于管理、利用和服务。

我国图书情报界对数字资源整合的研究始于2000年,以台湾省陈昭珍的《电子图书馆整合检索之理论与实践》作为开端,该书在当时技术水平下分析了数字资源的整合检索需求与模式,主要介绍了Z39.50协议在图书馆整合中

① 马文峰,杜小勇. 数字资源整合:理论、方法与应用[M]. 北京:北京图书馆出版社(今国家图书馆出版社),2007:46.

② 苏新宁. 论信息资源整合[J]. 现代图书情报技术,2005(9):54-61.

③ 李家清. 信息资源整合[J]. 图书情报工作,2005(8):33-36.

的应用,并对电子资讯的整合检索发展趋势做一些宏观上的展望①。到了2002年,内地开始出现有关数字资源整合研究的文献,从研究内容上看,主要包括下面几个方面的内容:整合理论、整合策略及方法、整合技术、整合模式以及相关资源整合工具/产品/系统等的介绍。

国外关于数字资源整合的研究始于20世纪80年代,Farkas-Conn和S. Irene在1986年发表的"Integration of Corporate Information Resources: Vision and Reality"一文研究了企业信息资源整合的现状及趋势问题②。90年代,许多专家学者相继发表了一系列的研究论文,对数字资源整合的理论基础、信息资源整合方法和技术进行了相应的研究③。1998年,英国Keele大学的Allan Foster从知识管理的角度研究信息资源的整合;S. Pinfield等人在"D-LibMagazine"上发表了"Realizing the Hybrid Library",提出了复合图书馆中的整合问题,提出复合图书馆应该要达到"无缝整合"(seamless integration),应该通过统一的用户界面为读者提供服务,并且指出复合图书馆的互操作问题,提出图书馆众多格式和媒体的资源要实现互操作的关键就是要解决元数据的互操作问题④。随着整合对象扩展至各种分布式及异构网络数据库,整合范围也逐步扩展到应用程序、服务等方面,数字资源整合已经由最初的"数据整合"过渡到"信息整合"。如:F. Leymann和D. Roller在"Using Flows in Information Integration"一文中指出,信息整合包括数据整合和功能整合两个方面⑤;A. D. Jhingran、N. Mattos和H. Pirahesh认为,整合包括门户整合、业务过程整合、应用整合和信息整合四个部分⑥。随着信息整合需求的增多以及研究的不断深入,信息整合已经从最初的静态数据整合发展到了现在动态的知

① 杜亮,刘涛. 基于元数据仓储的数字资源整合研究与实践——以沈阳航空航天大学图书馆为例[J]. 现代情报,2012(10):46-49,52.

② 张久珍. 论图书馆信息资源整合机制的建立[J]. 图书馆杂志,2005(1):10-14.

③ Rousset M C, Reynaud C. Knowledge representation for information integration[J]. Information Systems, 2004, 29(1):3-22.

④ Pinfield S, et al. Realizing the Hybrid Library[J/OL]. [2012-12-20]. http://www.dlib.org/dlib/october98/10pinfield.html.

⑤ Leymann F, Roller D. Using flows in information integration[J]. IBM Systems Journal, 2002, 41(4):732-742.

⑥ Jhingran A D, Mattos N, Pirahesh H. Information integration: A research agenda[J]. IBM Systems Journal, 2002, 41(4):555-562.

识、语义整合。

2.2.2　目的

自建资源的整合不仅仅局限在对图书馆内自建资源之间的整合，还包括同图书馆其他资源之间的整合，包括图书馆界各种资源的整合等。

之所以要对自建资源进行整合，一方面因为随着数字图书馆建设的进程，各种光盘数据资源、电子期刊、电子图书等以网络服务为代表的数字资源日趋丰富，在给不同用户提供大量信息资源的同时，也给用户提出了不同程度的难题。因为不同的数据资源有着各自独立的数据库以及检索系统和发布系统，资源相对孤立而且冗余大，交叉重复，形成了"信息孤岛"，大大降低了资源的有效利用；而且各个数据库之间未建立关联关系，同一个数据库中的信息关联性差，无法体现信息资源之间的规律性知识，从而不能全面反映出用户的信息需求①。

另一方面，用户的需求也发生了较大的变化，在资源检索方面，用户希望获得"一站式"的集成性的资源获取服务，而不是登录若干个数据库进行反复的资源查找；在资源获取方面，用户对资源的需求不再停留在简单的获取相应的文献、信息层面，而向更深层次发展，希望获取相关的知识服务。

因此对图书馆的资源进行整合势在必行，不仅图书馆认识到整合的必要性，许多大型的资源提供商都开始对资源进行了整合，国内如同方知网，已经把旗下的期刊、学位论文、会议论文、报纸、年鉴、工具书、百科、词典、法律等各种类型的资源进行了有效的整合，为用户提供统一检索平台。万方也将其论文、期刊、专利、标准、成果、图书、法规、机构、专家、新方志等多种类型的资源进行了整合，推出了万方知识服务平台。国外，图书馆常用的联机检索系统 Dialog，整合了 450 多个数据库；美国科技情报研究所（ISI）的 Web of Knowledge 整合了自身出版的一系列数据库、原始文献、图书馆的 OPAC 等。不过对于图书馆自建资源的整合，多数的资源提供商还未有涉及。因此对自建资源的整合还需要图书馆人的进一步研究。

自建资源整合的最终目的就是要屏蔽各个局部数据源之间异构性，把分布的、自治的数据源集中、整序、关联起来成为一个整体，为用户提供统一的

---

① 马文峰.数字资源整合——信息资源管理领域的新课题[J].情报资料工作，2007(5)：39－40.

访问界面,满足用户对图书馆各种资源乃至图书馆界资源的查询需求。自建资源整合不仅可以使图书馆的资源得到充分利用而且可以使图书馆获得更多的共享资源,从而进一步推动图书馆界的共同发展。

2.2.3 原则

公共图书馆自建资源整合是一项系统工程,为避免重复建设及人力、财力和物力的浪费,在资源整合过程中要遵循整体性、关联性、针对性、层次性、连续性、特色性等几个主要原则。

- 整体性原则:资源整合是一项系统工程,必须着眼于数字资源整合系统的整体性,着力消除"数字信息超载"和"数字信息孤岛",在进行资源整合时,应将所有的资源视为一个有机整体,整合后的资源系统应涵盖各子系统内部功能,反映数据对象间的内在关系。也就是说资源的整合要从整体出发,去认识、研究、实施数字资源的整合与揭示,追求整合的最大效能。

- 关联性原则:指资源整合系统的内部、外部各要素之间有机的、多维的关联性。关联性包括两个方面:一个是资源对象间的关联性,资源存在着各种有机的联系,如资源实体间的多重联系、资源基本属性间多种复杂的关联、资源结果的关联、资源概念语义上的关联等;另外是资源整合系统的关联性,主要体现在资源整合系统内知识体系的关联性,不同整合系统间的关联性,整合系统与信息大环境的关联性等。

- 针对性原则:指资源整合的目的性,整合后的数字资源应该能满足特定用户的需求。也就是说,对资源的整合与揭示要有一定的目的,是为了满足特定需求而进行的,不同的需求所进行的整合是不同的,不能仅仅是为了整合而整合。

- 层次性原则:层次性原则是指在建立信息资源整合系统和为用户服务的过程中,要结合数字资源本身的层次性,同时以满足用户服务为最终目标,在整合过程中需要按多种类型、多种层次、多种方式进行多维整合。主要包括以下几个方面:

一是整合数据的层次性,因为图书馆用户具有不同的知识背景,不同层次的信息需求,所以在资源整合时要注意整合不同知识层次的信息。

二是指信息资源整合的结构性,由于用户的查询需求可能是多方面的,目的可能很复杂,因此,为满足不同的用户需求,简单的一维、二维整合可能难以达到目的，需要能够实现数据的多维整合。

三是检索操作的层次性，即提供简单检索、复合检索和专家检索这样多层次的检索界面来满足不同层次用户的检索要求。

- 连续性原则：指整合需要持续进行，尤其是对网络资源的整合及对于连续性资源的整合，缺少连续性所整合的资源很快就会失去生命力。
- 特色性原则：资源整合的特色性有利于资源优势互补与全面共享，使资源得到最大化的利用。

2.3　资源整合层次

图书馆传统的编目思想自产生以来就以实体文献为关注点，自编目规则的形成阶段就存在的客观描述原则就是这一思想的体现。然而，随着信息爆炸时代的到来，在海量的信息资源中发现所需的知识成为用户首要的需求，对于文献的客观描述已远远不能满足用户的需求，对信息进行挖掘，建立知识关联成为图书馆提供知识服务的必不可少的途径。因此，对自建资源进行整合通常包括以馆藏书目数据为基础的文献整合和对文献内容进行挖掘的内容整合。

2.3.1　文献整合

图书馆对书目数据赋予的功能是：一种有效的工具，用来确定图书馆是否拥有某一特定的图书，图书馆藏有某一著者的哪些作品，或者藏有某一作品的哪些版本①。从这一功能可以看出，书目数据是以文献作为最基本的描述单元。因此，对于文献的整合主要是以书目数据为核心，实现两方面的功能：一是对馆藏实体文献的内容进行揭示；二是建立实体文献与数字文献的关联。主要包括以下几种形式的整合。

2.3.1.1　整合多种类型文献

整合各种类型的文献也即是对书目数据进行整合，书目数据之间虽然相互独立，但是可以通过对书目关系的揭示和挖掘实现文献之间的整合。

---

① 高红. 编目思想史[M]. 北京：北京图书馆出版社(今国家图书馆出版社)，2008：64.

书目关系包括以下几种①：

（1）等同关系（equivalence relation）：如复本、摹真本、重印本、影印本、缩微复制品及其他复制品。

（2）衍生关系（derivative relation）：如不同版本、修订本、译本、改写本等。包括作品的其他版本、改写或改编作品、体裁发生改变的作品、基于原作品的文体或内容产生的新作品。

（3）描述关系（descriptive relation）：指原作品与其描述、评论、评估作品间的关系，还包括注释本、案例、文学评论等。

（4）整体/部分关系（whole/part relation）：如主文献与其析出文献、作品合集与选集、期刊与其中文章、附属丛编与主丛编之间的关系。

（5）附属关系（accompanying relation）：指书目文献与其附件之间的关系。

（6）连续关系（sequential relation）：即 UNIMARC 中的年代关系。

（7）共有特性关系（shared characteristic relationships）：目录中两个实体虽不相关，但却共有某些特性。

上述关系有些是显性的，如附属关系，通过对单个文献的客观描述即可揭示；有些是隐性的，如共有特性关系，需要通过对书目数据中各种信息的抽取、分析建立书目关系。

书目关系将孤立的书目数据连接起来，构成多元立体的网络，为用户提供知识导航。

数字时代，文献的形式有了飞速的发展，由单一媒体形式向多类型集成化媒体形式转化。从信息存储与发布的形式来说，由通过传统出版渠道发行印刷本、磁盘、光盘等发展为借助网络、卫星、通信等渠道向电脑、移动终端、手机、数字电视等新媒体终端发布；从传递与表现信息的媒介来说，从文字、图形等传统媒介向数字、文本、声音、图形、音频、视频、图片、动画、三维立体等多种媒介发展，从而呈现发布渠道越来越多样、表现力越来越强、新旧媒体互相融合的特点。数字时代日新月异的变化使得书目关系更加复杂。

2.3.1.2　整合书目数据与目次数据

目次对揭示文献内容具有重要的作用，主要体现在：①对文献内容的揭

---

① 高红. 编目思想史[M]. 北京：北京图书馆出版社（今国家图书馆出版社），2008：261－262.

示。目次数据是对文献内容的客观忠实的反映。②对文献结构的展示。图书的目次是图书的内容大纲,可以完整真实地反映图书的整体结构,使用户在阅读前对图书内容的架构能一目了然。③由于目次专指性较强,在用户检索时可以提供更详尽、更准确的检索点,非常有助于促进目录查找功能的完善。因此,对目次的建设受到了图书馆的重视,除了在书目数据中的固定字段著录目次信息外,还有一些图书馆为了给用户提供更丰富的书目信息,单独制作了目次数据库。如:中国国家图书馆从2000年开始制作学术性中文图书的目次数据。截止到2009年8月,制作了7.7万多种图书的840多万条数据。独立的目次数据库的优势在于可以对数据库进行挖掘、分析,以形成其他的增值产品,为用户提供更多的知识服务,但与书目数据的分离决定了必须对书目数据与目次数据进行挂接。对图书馆制作的目次数据库的利用可以通过特定的连接款目与书目数据库挂接。

图书馆除了自己建设的目次数据外,还有一些目次数据来源于外购的数据库或通过网络采集技术对网络上发布的目次数据进行抓取。这些目次数据不需要耗费图书馆过多的人力、物力,时效性强,但是数据的质量参差不齐,格式差异较大,需要进行清洗。

2.3.1.3 整合书目数据与数字化全文

近年来,国内外图书馆进行了大量的印本文献数字化工作,其中有些项目是由国家图书馆进行,或是多个机构跨地区合作,项目的规模较大。如:始建于1971年的古登堡项目是世界上建设最早的免费数字图书馆,可以提供超过4万本免费电子书。“十五”期间“211工程”公共服务体系建设的重要组成部分——大学数字图书馆国际合作计划(China Academic Digital Associative Library,CADAL)与“中国高等教育文献保障系统(CALIS)”共同构成了中国高等教育数字化图书馆的框架,目前在其网站上公布的数据为1 177 741册已通过查重,2 633 227册已入库。美国卡内基梅隆大学发起的图书数字化项目——Million Book Project与中国、印度等国进行了密切的协作,目前,在Universal Digital Library网站上可以查到的中文图书有972 513册、184 160 292页。2004年,搜索巨头谷歌也启动了图书扫描项目,寻求与图书馆和出版商合作,欲打造世界上最大的数字图书馆。2007年起,中国国家图书馆开始对中文普通图书进行数字化扫描,目前,已数字化中文图书超过20万册。

用户的最终目的是获取文献,文献数字化工作为这一需求提供了便利,但数字化也造成文献出现多种载体形式,如果不将书目数据与数字化全文进行关联将对用户获取文献造成一定的困难，也容易影响图书馆资源的利用率。

整合书目数据与数字化全文可以通过建立两者之间的链接关系实现。本馆制作的数字化资源存放地点比较固定，其更新、管理、利用都由图书馆统一控制，因此比较适合通过在书目数据中添加856字段的静态链接技术实现两者的关联；其他机构制作的数字化资源由于经常会有图书馆不可控的数据变动，因此可以考虑通过OpenURL技术建立动态链接实现两者关联。

2.3.2 内容整合

内容整合是指通过加强对文献内容的挖掘，抽取文献中的知识点，增加用户知识获取的便利性，同时构建多维的知识关联，实现知识的拓展与创新。对内容的整合是伴随着编目理念的变化而来的。

2.3.2.1 编目理念的变化

从编目理念的变化中可以看到，编目所关注的对象由具体的物理实体向虚拟的“作品”概念发展。

在国际标准书目著录（International Standard Bibliographic Description，ISBD）中，著录的主体为文献，其定义为：一部文献，一组文献，或文献的一部分，无论以何种物理形式出现。

在数字环境下，随着信息资源内容、载体的巨大变化，编目原则和标准也在发生着深刻的变革。为使用户获得更便利的信息服务，在IFLA的专家们的努力下，书目记录的功能需求（Functional Requirements for Bibliographic Records，FRBR）于1997年问世，并在其后的数年间对资源的揭示与整合产生了深远的影响。

FRBR① 应用了“实体—关系”模型来构建概念框架，实体代表书目数据的用户所关心的关键对象。实体分成3组。第一组包括书目记录命名或描述的知识或艺术创造的产品：作品、内容表达、载体表现、单件。第二组包括那些对知识或艺术内容、物质生产与传播或其产品的保管负责的实体：个人和团体。第三组包括一系列附加的实体，它们作为知识或艺术创作的主题：概

① 书目记录的功能需求[EB/OL].[2013-12-17].http://www.ifla.org/files/assets/cataloguing/frbr/frbr-zh.pdf.

念、实物、事件、地点。其中,第一组实体讨论的是书目数据,第二组实体与第三组实体讨论的是规范数据。

第一组实体代表知识或艺术创作产品中用户关心的不同方面。定义为作品和内容表达的实体反映知识或艺术内容。一方面,定义为载体表现和单件的实体则反映物理形式。一部作品可以通过一个或多个内容表达来实现。另一方面,一个内容表达是一部且只是一部作品的实现。一个内容表达可以体现于一个或多个载体表现;同样,一个载体表现可以体现一个或多个内容表达。一个载体表现又可以以一个或多个单件为代表;但一个单件可以代表一个且只可代表一个载体表现。

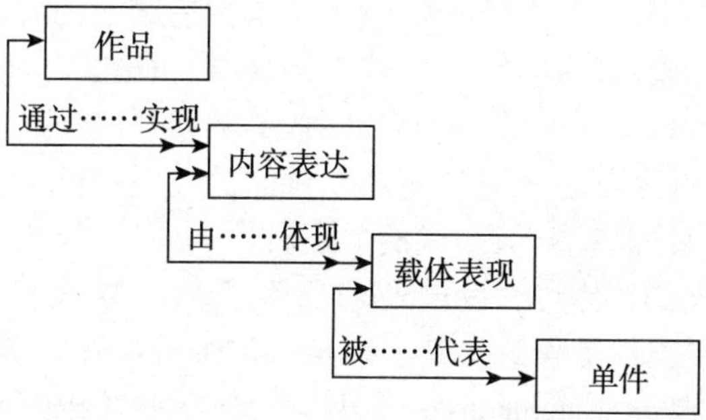

图 11　FRBR 第一组实体关系图

FRBR 的重要性主要表现在两方面,即其所构建模型的两个主要组成部分——实体与关系。

(1)FRBR 提出了一个重要的概念——作品,作品是一个抽象的实体,没有一个单独的物质对象可以对应为作品,通过作品的单独实现或内容表达来识别作品,但作品本身只存在于作品不同内容表达之间的共性内容之中。当定义一部作品时,它所代表的是存在于作品所有不同内容表达背后的知识创作。作品概念的确定将基于实体文献进行文献组织的传统理念转变为基于内容进行文献组织。

(2)FRBR 丰富了已有的书目关系。FRBR 中的关系是"帮助用户在书目、目录或书目数据库的世界中'航行'的手段"①,对数字资源的整合具有重

① 书目记录的功能需求[EB/OL].[2013 - 12 - 17]. http://www.ifla.org/files/assets/cataloguing/frbr/frbr-zh.pdf.

要的意义。FRBR 在定义实体的基础上,对各种复杂的实体关系进行了揭示,包括:①一组实体内相关实体的关系,如上文中提到的第一组实体间"通过……实现""由……体现""被……代表"的关系;②不同组实体间相关实体的关系,如作品与个人或团体之间的关系;③同一实体间的关系,如一部作品与其他作品之间的关系。由于 FRBR 构建了不同层次的实体,各种实体间的关系也由此变得具有层次,不再是文献之间的平面关系。

FRBR 问世后,图书馆界在 FRBR 的应用上进行了一系列研究与实践。如:2010 年正式发布的《资源描述与检索》(RDA)的内容以 FRBR 和 FRAD 实体和关系的概念模型为基础,分为"属性"和"关系"两大部分。其结构分为十个部分[①]:①载体表现与单件的属性;②作品与内容表达的属性;③个人、家族与团体的属性;④概念、实物、事件、地点的属性;⑤作品、内容表达、载体表现、单件间的基本关系;⑥个人、家族和团体的关系;⑦概念、实物、事件、地点的关系;⑧作品、内容表达、载体表现与单件间的关系;⑨个人、家族与团体间的关系;⑩概念、实物、事件、地点间的关系。

FRBR 所定义的实体与关系非常复杂,除了 RDA 这一大型的编目规则全面采用外,多数实践都是着眼于其中所定义的部分实体及其关系。如:2007 年 OCLC 推出的 WorldCat Identities,2011 年,又在此基础上发布 WorldCat Identities Network。该项目的资源内容包括个人、对象(如泰坦尼克号船)、虚拟人物(如加菲猫)、机构等,通过责任者的关系建立文献的关联关系,按照责任者名称为用户提供文献的聚类,以 FRBR 化的形式呈现,以可视化的身份关联图显示人物间的六度分离关系。关系的建立以 WorldCat 书目数据库、WorldCat Identities、美国国会图书馆名称规范数据为基础。又如:国家图书馆建立在广泛合作基础上建设的全球家谱数字化服务、教育和研究项目——"中华寻根网"项目,项目的建设目标是建立家谱数字化综合服务系统。目前已发布的服务中可提供 500 个以上的姓氏、20 000 条以上的家谱书目导航数据、1000 部以上的家谱文献。中华寻根网对资源的梳理与整合不再局限于文献层面,而是深入到文献内容之中。其整合的特点在于:

(1)寻根网按照姓氏对各类知识进行整合,不再单纯以文献为资源整合的节点,而是从文献中发掘知识点,构建知识关联(见图 12)。

---

① 王松林. RDA 的结构与特点[J]. 山东图书馆学刊,2013(4):1-6.

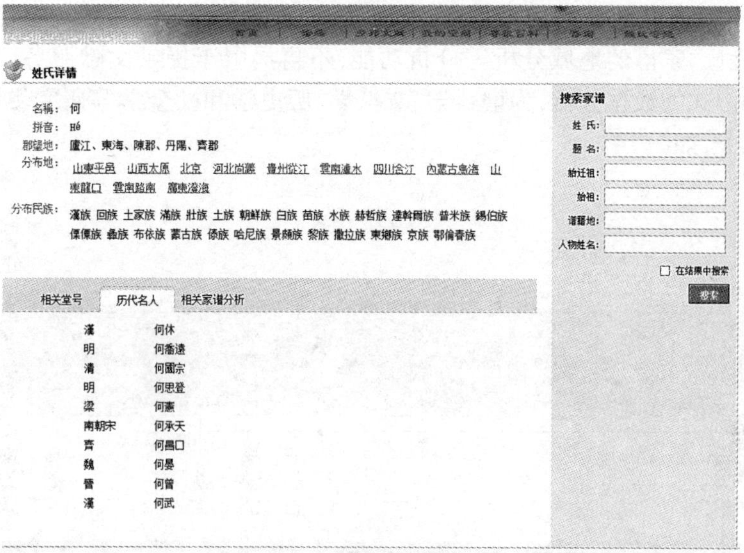

图12 按照姓氏的整合

(2)寻根网整合了家谱与家谱、家谱与方志等文献,整合不再局限于文献类型,而是按照内容整合多种类型文献(见图13)。

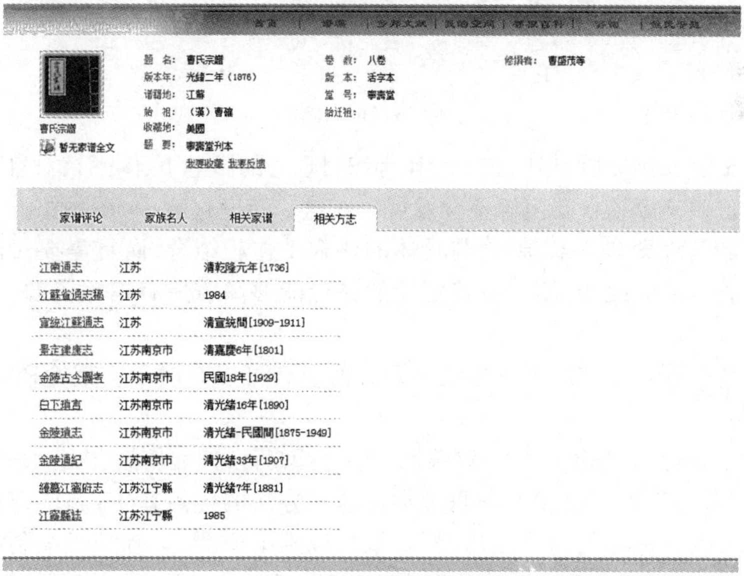

图13 多类型文献的整合

(3)寻根网具备谱系图重构,人物关系,家谱及姓氏的相关关系,姓氏源流考,姓氏,家谱的地域分析等分析功能,不再局限于提供文献服务,而是通过多种形式的数据分析,为谱牒学、文献学、历史学和社会学等研究领域提供知识服务,如图 14。

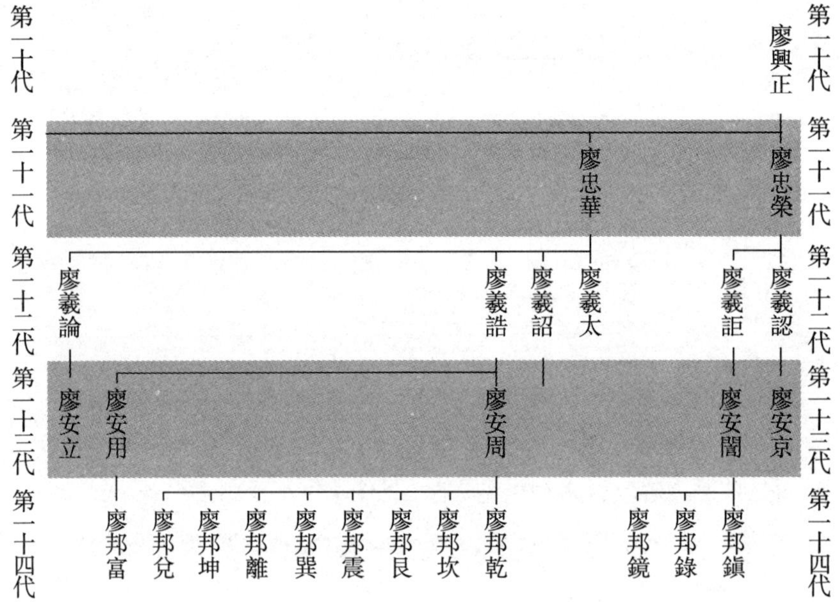

图 14　谱系图

由上述实例可以看到,在 FRBR 等编目理念的影响下,图书馆对自建资源的整合已由文献整合向内容整合发展。在这一转变过程中,图书馆人不仅需要跟踪新的理念与技术,将之与具体的整合工作相结合,而且需要对已建的资源进行相应的改造,使对自建资源的整合能够涵盖所有馆藏资源,不出现割裂的现象。

将先进的理念应用于自建数字资源的整合可以有两个实现途径,以 FRBR 为例:

其一,按照 FRBR 的框架对编目规则进行修订,按照作品、内容表达、载体表现、单件制作不同层次的书目数据。这一方法的优点在于:高层记录的建立有利于对作品层与内容层的揭示;编目规则结构严谨,有利于编制高质量的高层记录;书目数据之间的关系明确,有利于对书目数据进行再挖掘,形成更深层次的知识产品；将自建数据库的数据层建成具有完整体系的立体架构，将有力地支持知识检索。这一方法的缺点在于：将实体间的关系固定在书目数据中，缺乏动态性，无法满足随数据更新而更新的需要；随着下层记录的增加，需要不断调整高层记录，维护量大；通过制作书目数据构建文献的体系容易带来封闭性，不利于与其他类型元数据的整合；图书馆已建的大量的书目数据需要按照新规则进行转换，具有一定的难度。

其二，不改变编目规则，通过设置一定的规则在检索层实现实体间关系的揭示，简单的、浅层的关系可以通过检索点之间的关联关系揭示，复杂的、深层的关系可以通过构建一定的知识组织工具来实现。这一方法的优点在于：具有良好的动态性，可以按照读者的信息需求对检索结果进行实时的聚合；不需要更改编目规则，也不需要对已建的书目数据进行转换，大大降低了工作量；不会导致书目数据变得更为复杂，因此对书目数据的共享、交换不会产生影响。这一方法的缺点在于：书目数据所揭示的信息必须非常详尽才能支持系统的实时聚合；对复杂关系的揭示需要知识组织工具的支持，对工具的开发需要投入大量的人力、物力、时间，且随着信息资源的发展需要不断更新。

2.3.2.2　内容整合的实现途径

基于内容的整合，主要包括以下几个层次的整合：一是按照内容整合各类文献，形成基于内容的广泛整合；二是对文献中的知识进行揭示与整合，实现基于内容的深入整合；三是将文献的各种特征也纳入整合的范围，对一些潜在规律进行挖掘，形成在知识基础上的扩展整合。对这三个层次的整合可通过以下途径实现。

(1)词表互操作——基于内容整合文献

图书馆通过元数据对文献的外在特征与内在主题进行描述与揭示，其中，对文献内容的揭示由标引工作实现，受控词表是标引的主要工具，其基本功能为：①对文献的情报内容(及某些外表特征)加以标引的功能；②对内容相同及相关的情报加以集中或揭示其相关性的功能；③对大量情报加以系统化或组织化的功能；④便于将标引用语和检索用语进行相符性比较的功能[①]。因此，要实现基于内容的文献整合，必须加强多个检索系统所使用的受控词表的兼容性。

---

① 张琪玉，侯汉清. 情报检索语言实用教程[M]. 武汉：武汉大学出版社，2004：8－9.

对受控词表进行互操作是有效提高词表兼容性的方法。就其本质而言，互操作性是对异质实体(包括异种体系结构、异种操作系统、异种网络和异种语言等)中可获得资源的透明调用的能力①。从这一定义可以看出，在异构的受控词表间实现知识的交换、共享、重用是互操作的目的所在。

国内外对受控词表间的互操作都非常重视。国外对于互操作的研究文献最早出现于 1962 年。随着网络的快速发展，各种国家标准、国际标准都对互操作进行了规范，如：NISO 的标准 Z39.19(单语种控制词汇的创建和开发)、英国国家标准 BS8723(用于信息检索的结构化词汇)、ISO 的标准 ISO 25964(叙词表及与其他词表的互操作)等；除了制定标准规范，还实施了多项研究计划，国外主要集中在与 DDC、LCC、UDC、LCSH 等几个较常用的受控词表进行互操作，国内主要集中在与《中国图书馆分类法》《汉语主题词表》的互操作，其中一些研究成果在实践中得到了应用。

对应用于自建资源组织的受控词表进行的互操作按照词表类型可分为以下几种：

- 不同类型受控词表之间的互操作，如《中国图书馆分类法》与《汉语主题词表》之间的互操作；
- 同一类型受控词表之间的互操作，如各种叙词表之间的互操作；
- 综合性受控词表与专业性受控词表之间的互操作，如《汉语主题词表》与《测绘学叙词表》之间的互操作；
- 不同语言的受控词表之间的互操作，如《中国图书馆分类法》与《国际十进分类法》之间的互操作。

图书馆对其各种自建资源的互操作可采取对图书馆主要使用的主题表与分类表进行一体化集成，在此基础上再整合其他类型受控词表的模式。其原因在于分类法与主题法有着严格的词汇控制和完善的语义网络。主要区别在于：主题词表是词汇控制工具，词汇是词表的基本构成单位，揭示的是文献的主题，每个主题词对应的是概念，在检索服务中专指性强；分类法是以类目作为基本词汇，以类目的等级关系来表达复杂概念，从学科体系出发融合资源，每个类目代表学科的分支，在检索服务中导航性强。可以看到，主题法与分类法的优势能够互为补充，因此，通过融合的方式进行互操作，最终形成

---

① 司莉. KOS 在网络信息组织中的应用与发展[M]. 武汉：武汉大学出版社，2007：182.

分类主题一体化的集成词表，是整合自建资源的有效途径。

编制分类主题一体化词表应首先考虑一体化词表的结构设置。分类法通过科学分类为知识建立了较为完善的等级体系，类目之间具有严密的逻辑关系，能够比较集中地体现学科的系统性，反映事物之间的学科从属关系，揭示知识的内在联系，有利于用户按照知识体系进行文献的浏览，并能按照等级体系进行知识的扩展或细化。因此，基于这些优势，在构建分类主题一体化词表时，应以分类表为主表，保留完整的分类等级体系，建立类目与主题词间的关联关系，以主题词充实到分类体系中，使分类法不再是抽象的学科体系，而是与主题词结合在一起，形成知识网络，同时，主题词更新的速度要远快于学科体系的更新，因此，在一体化词表中，主题词的更新将不断推动分类体系的丰富与更新，使分类体系在保持规范与稳定的同时适应于网络资源的快速变化。

(2)文本自动分析——对知识点的识别、抽取与整合

对分布于文献中的各类知识进行揭示，必须首先能够发现文献中的知识点，对其进行准确标识并抽取。在数字图书馆中，需要基于文本自动分析技术对数据文献进行分析，进而抽取知识节点，最终实现知识关联、知识发现及知识网络的构建，因此，对自然语言的分析与抽取是实现知识整合的基础。

文本信息抽取的目的是从一段自然语言的文本信息中抽取出指定的信息和数据，如时间、事件、人物等，并将抽取出的信息以结构化的形式进行存储以便用户查询①。信息抽取中的关键任务包括命名实体识别、句法分析、篇章分析与推理、知识获取。

其中，命名实体识别是目前最有实用价值的一项技术。命名实体是文本中基本的信息元素，是正确理解文本的基础。狭义地讲，命名实体是指现实世界中的具体的或抽象的实体，如人、组织、公司、地点等，通常用唯一的标志符(专有名称)表示，如人名、组织名、公司名、地名等。广义地讲，命名实体还可以包含时间、数量表达式等。至于命名实体的确切含义，只能根据具体应用来确定。命名实体识别就是要判断一个文本串是否代表一个命名实体，并确定它的类别。命名实体识别的难点在于：在不同领域、场景下，命名实体的外延有差异；数量巨大，不胜枚举，难以全部收录在词典中；某些类型的实体名称变化频繁，并且没有严格的规律可以遵循；表达形式多样，如缩写形式

① 金海，袁平鹏. 语义网数据管理技术及应用[M]. 北京：科学出版社，2010：75.

等。命名实体识别的方法主要分为基于规则的方法和基于统计的方法。就图书馆自建资源来说，由于图书馆员对馆藏资源较为熟悉，并且积累了大量经验，因此，可优先选择基于规则的方法，并辅之以基于统计的方法，利用人工标注的语料进行训练。

此外，篇章分析与推理是信息抽取技术中的难点。一般说来，用户关心的事件和关系往往散布于文本的不同位置，其中涉及的实体通常可以有多种不同的表达方式，并且还有许多事实信息隐含于文本之中。为了准确而没有遗漏地从文本中抽取相关信息，篇章分析、推理能力对信息抽取系统来说是必不可少的。目前尚缺乏有效的篇章分析理论和方法可以借鉴，并且理论本身也没有在大规模语料上进行过测试；此外，信息抽取系统除了要解决文本内的共指问题外，还需要解决文本间的（跨文本的）共指问题，在文本来源比较广泛的情况下，很可能有多篇文本描述了同一个事件、同一个实体，不同文本间还会存在语义歧义，如相同的词有不同的含义、不同的词代表一个意思。这些都是篇章分析与推理的难点所在。

作为自然语言处理技术，信息抽取需要知识库的支撑，以实现知识获取功能。知识库是在数据库的基础上结合人工智能领域技术构建而成的，建设的目的在于通过管理和存储知识来实现知识的序化、共享、重用。本体（Ontology）是某一领域中的术语及术语间关系的规范说明，提供对领域知识的共同理解与描述，用于共享、交流和重用，由概念及概念之间的关系构成，概念及概念间的关系经过精确定义，主要供机器或计算机所使用并可用数学方式表达①。本体作为基本的知识组织工具能够支持知识库的自动推理、自动聚类的功能，是图书馆对自建资源整合技术进行研究的未来发展方向。由于图书馆自建资源内容包罗万象，涉及多个学科，因此，本体的建设应采取分步建设的模式，逐渐建设各类型本体，包括：一是基于馆藏文献中的通用知识构建通用本体，被定义的知识可以应用于各类型文献，作为基础支持工具；二是基于特定的学科专业领域构建领域本体；三是基于特定的文献类型构建领域本体。最终整合各类本体，构建馆藏资源的知识组织体系。

（3）数据分析——基于文献特征建立关联关系

信息资源数量的快速增长使得用户对知识的需求不再局限于文献本身，

① 司莉.KOS在网络信息组织中的应用与发展[M].武汉：武汉大学出版社，2007：156.

用户更多的希望通过各种的关联关系发现新的知识，并且能够借一斑而窥全豹。因应用户需求的变化，图书馆也必须突破文献的限制，提供多元化知识服务，包括：对各种潜在知识进行深入挖掘，分析信息单元的体系结构与变化规律，通过对各种潜在的关联关系的揭示提供更多维的知识关联，提高文献的利用率；为科研读者提供深层次的知识服务，帮助分析学科领域的衍生与发展趋势，对科研课题的立项与研究起到支撑作用，为科技创新提供辅助决策服务；通过对读者利用文献过程中产生的各种数据进行分析，为图书馆的馆藏建设提供定量依据。

信息计量学作为描述和研究信息的定量方法，在图情学领域受到广泛关注。这一学科所具有的定量分析、揭示规律等特点，使其在分析和预测学术领域的发展趋势、进行科学评价等方面都具有重要的支撑作用。以信息计量学理论为工具，对揭示作者、文献、学科、知识之间的各种关系具有重要的作用，对知识网络的构建有着良好的丰富、补充作用。将信息计量学应用于隐性知识的挖掘将对知识网络的构建与丰富起到良好的辅助作用，因此，应将这一学科的相关理论引入图书馆的自建资源整合工作。

信息计量学的研究领域主要包括：①文献信息流的静态特性。研究文献信息集中与离散分布规律、文献信息作者分布规律、文献信息词频分布规律、文献信息引证规律等。②文献信息流的动态特性。研究文献信息增长规律、文献信息老化规律等。

目前，业界利用信息计量学的理论进行了多种类型的资源整合、信息挖掘实践，利用较多的内容包括：①共词分析。以能概括文献内容的词汇为分析对象，用来研究学科结构与热点。②作者合作分析。通过分析作者的合作情况研究科研交流与合作，以相同研究领域人物之间的关联间接揭示知识之间的关联。③作者关键词耦合分析。结合作者分析与关键词分析，揭示出隐含的作者关系，用于研究学科领域主题变化。④引文分析。引文能够清楚地表现出文献之间纵向继承和横向联系的交流态势，体现了知识的积累性、连续性、继承性、渗透性，对引文进行分析可以体现文献交流、学科联系以及科学发展趋势等。

实现基于数据分析的馆藏文献资源整合。包括以下几方面：①利用共词分析、作者合作分析、作者关键词耦合分析等计量学方法实现基于文献特征（创作主体、知识主题）关联的整合。②利用引文分析的各种方法实现文献聚类、学科聚类。③对读者检索习惯、资源关注相关性等进行计量分析，加强个性化的推荐服务;并为馆藏建设的优化与管理提供科学依据。

信息计量学工具的利用需要以各种信息为基础,因此需要在书目数据中增加相关的内容,如:增加参考文献的著录,加强关键词的标引,加强对期刊论文篇名库的建设等。由于网络时代数字资源数量的迅速增长,很多图书馆越来越倾向于对书目数据进行简编,但是应该看到,只有书目数据能够为数据分析提供充足的信息,才能实现对知识的深入挖掘与组织,从而满足用户需求,充分发挥图书馆资源的价值,因此应该在书目数据中补充能够为用户揭示文献内容的各类信息,并在此基础上提供各类增值信息。

3　整合的主要技术

资源整合的技术实现方法有很多种,对不同类型资源、不同的整合需求会有不同的技术实现方法,下面选取一些图书馆进行资源整合时常用的技术方法,同时配以应用实例来进行深入的分析。其中元数据技术是资源整合最基础的技术之一,不论是对资源的组织还是对资源的聚合都离不开元数据这一重要内容;而链接技术、跨库检索技术和元数据仓储技术更侧重于对资源的聚合。

3.1　元数据技术

如上文2.2.1所定义,资源整合包括对资源的组织和对资源的聚合两个层面,资源组织是指按照一定的方式和规则对资源进行归并、存储、处理的过程。资源聚合是指对各个相对独立的数字资源系统中的数据对象、功能结构及其互动关系进行融合、类聚和重组,重新结合为一个新的有机整体,形成一个效能更好、效率更高的新的数字资源体系;使原本离散的、多元的、异构的、分布的信息资源,通过逻辑的或物理的方式组织为一个整体,从而有利于管理、利用和服务。

不论是资源组织还是资源聚合,都离不开元数据这一核心内容。通过元数据对各种对象数据进行描述,从而将各种零散的资源进行有序的组织与管理,建成各种资源库;通过对不同资源库的元数据进行相互映射和转换,则可以实现不同资源库之间的聚合。可以说,在图书馆的资源整合中,元数据技术是最基础也是最重要的一个技术。

3.1.1　元数据的概念

元数据(metadata)一词最早出现于美国航空航天局(NASA)的《目录交换格式》DIF手册中。简单地说,元数据是“关于数据的数据”。它是面向某种特定应用的用于描述资源属性的机器可理解的信息。通过规范语法结构和语义结构,使得机器能够无二义性的表现和获取信息。元数据可以用于资源的标识、集成、交换、检索等工作。利用元数据机制，可以更加精确地描述资源的语义，从而使得数据从机器可读转化为机器可理解。

元数据是用来描述信息资源或数据本身的特征和属性的数据。元数据根据其功能的不同，可以划分为描述性元数据、管理性元数据、结构性元数据等主要类型。

描述性元数据(descriptive metadata)：描述对象知识内容的信息，例如MARC编目记录，检索工具或者类似的模式、框架。

管理性元数据(administrative metadata)：用于管理和控制信息资源的信息，包括扫描信息、储存格式(通常这类元数据也被称作技术元数据)、版权和许可信息、数字对象长期保存所需要的各种信息(保存元数据)等。

结构性元数据(structural metadata)：将对象互相连接以形成逻辑单元的信息，例如一本书中每页内容的指向互相关联从而形成这本书自身。

3.1.2 元数据的作用

元数据是组织信息的重要工具，其作用主要有：

- 描述(description)：根据元数据的定义，它最基本的功能就在于对信息对象进行内容和位置的描述，从而为信息对象的存取与利用奠定必要的基础。
- 定位(location)：元数据包含有关资源位置方面的信息，因而由此便可确定资源的位置之所在，促进了资源对象的发现和检索。
- 发现(discover)：元数据通过对信息对象的描述与定位，将信息对象中的重要信息抽出并加以组织，赋予语义，并建立关系，提供发现的基础，从而有利于用户识别资源的价值，发现其真正需要的资源。就其本意和功能而言，元数据可说是电子式目录，因为编制目录的目的，即在描述收藏数据的内容或特色，进而达成协助数据检索的目的。因此元数据是用来揭示各类型电子资源的内容或其他特性，其典型的作业环境是电脑网络作业环境。
- 评估(evaluation)：元数据提供有关某个资源的标题、作者、时间、格式、主题及内容摘要等信息，使用户在无需浏览信息对象本身的情况下，就能够对信息对象有基本了解和认识，参照有关标准，即可对其价值进行必要的评估，作为存取与利用的参考。
- 选择(selection)：根据元数据所提供的描述信息，参照相应的评估标准，结合使用环境和实际需要，用户便能够做出对信息对象取舍的决定，选择适合自己使用的资源。

3.1.3 元数据的结构

元数据格式一般通过内容结构、句法结构、语义结构三层结构来完整定义。

内容结构(content structure):对元数据的构成元素及其定义标准进行描述。例如,一个元数据的构成元素可能根据其目的而包括信息内容描述性元素、技术性元素、管理性元素、结构性元素。元数据内容结构需要对所采用的元素进行准确定义和描述,但是这些数据元素很可能是依据一定的定义标准来选取的,因此元数据内容结构中需要对此进行说明,例如 MARC 记录所依据的 ISBD,EAD 所参照的 ISAD(G);ICPSR 所依据的 ICPSR Data Preparation Manual 等①。

句法结构(syntax structure):定义元数据的结构以及如何描述这种结构,例如元素的分区分段组织、元素选取使用规则、元素描述方法(例如 Dublin Core 采用 ISO IEC11179 标准)、元素结构描述方法(例如 MARC 记录结构、SGML 结构、XML 结构)、结构语句描述语言等。在有些情况下,句法结构需要指出 Metadata 数据是否与所描述的数据对象捆绑在一起,或作为单独数据存在但以一定形式与数据对象链接,还可能描述与定义标准、DTD 结构和 Namespace 等的链接方式。

语义结构(semantic structure):定义 Metadata 元素的具体描述方法,尤其是定义描述时所采用的标准、最佳实践或自定义的描述要求。有些 Metadata 本身就定义了语义结构,而另外一些情况下则由具体采用单位规定语义结构。例如 Dublin Core 建议日期元素采用 ISO 8601、资源类型采用 Dublin Core Types、数据格式可采用 MIME、识别采用 URL 或 ISBN。主要包括元素本身属性定义、元素内容编码规则定义、元素语义概念关系、元数据版本管理四个层次②。

3.1.4 元数据标准的种类

目前,元数据没有统一的标准属性和格式,它的形式非常灵活。在不同

① 张小林. 元数据研究与应用[M]. 北京:北京图书馆出版社(今国家图书馆出版社),2002:18 – 37.

② Xiaoming Liu, et al. Arc-An OAI Service Provider for Cross-Archive Searching[C]. Proceedings of the First ACM/IEEE Joint Conference on Digital Libraries, Roanoke VA. New York: ACM Press, 2001:65 – 66.

领域有不同的元数据标准,如:MARC(MAchine-Readable Cataloging,机器可读目录)、DC(Dublin Core,都柏林核心)、PICS(Platform for internet Content Selection,因特网内容选择平台)、RDF(Resources Description Frame,资源描述框架)、EAD(Encoding Archival Description,编码档案描述,一种基于SGML的元数据格式)、TEI(Text Encoding Initiative,文本输入创始计划)等。还有许许多多应用于各个专业领域的Metadata标准,如用于政府信息定位而创建的元数据格式"政府信息定位器服务"(Government Information Location Service,GILS),有关网上生物资源描述的"(美国)全国生物信息基础设施"(National Biological Information Infrastructure,NBII)等,其中图书馆最常用到的是MARC和DC。

3.1.4.1 MARC

MARC指机器可读目录。MARC格式(MARC Format)即机器可读目录格式。

MARC格式最早由美国国会图书馆研制,始于20世纪60年代。1965年,美国国会图书馆开始研究机读目录,其目的是探索以机读形式产生目录数据的可行性。1967年,美国开始修改MARC,1968年推出MARCⅡ。随后,各国开始开发本国机读目录。为了防止失控和方便国际交换,国际图联于1977年研制出"Universal MARC Format",简称UNIMARC。我国针对汉字特点,在UNIMARC基础上开发了CNMARC(中国机读目录通讯格式),并于1991年发布。

MARC的标准构成为记录头标、地址目次区、数据字段区和记录结束符①。

记录头标:固定长的字段,包括24个字符位,位于每条记录的起始位置,它含有GB/T 2901(ISO 2709)定义的关于记录结构的数据和为GB/T 2901(ISO 2709)的特定形式而定义的几项数据元素,包括记录类型、书目级别、在层次等级中的位置、记录完整程度以及采用ISBD规则的完整程度。头标中的数据元素组主要用来满足记录处理的需要。

地址目次区:在记录头标之后为地址目次区。目次区的每个目次项描述一个字段,由三部分组成,即三位数字标示的字段号、四位数字标示的该字段

① 国家图书馆.新版中国机读目录格式使用手册[M].北京:北京图书馆出版社(今国家图书馆出版社),2004:5-6.

长度和五位数字标示的该字段起始字符位置。除此之外,不允许有其他字符。

数据字段区:包含可变长控制字段和可变长数据字段两个部分。

可变长控制字段的字段标识符为00X。可变长控制字段均无字段指示符和子字段代码,由单个或多个数据元素组成,通过字符位置识别相关数据元素,大多数字段的长度为固定长度。

可变长数据字段的字段标识符包含01X—9XX。可变长数据字段均有字段指示符和子字段代码,由单个或多个子字段组成,通过子字段标识相关数据元素,均为可变长度。

记录结束符:位于每一机读记录结尾,用来区分记录的控制符号,通常表示记录的结束。

3.1.4.2 DC

1995年3月,由OCLC与美国国家超级计算机应用中心(NCSA)联合发起,52位来自图书馆界、电脑网络界专家共同研究产生,因开会地点在美国小城都柏林而得名。目的是希望建立一套描述网络电子文献的方法,以便网上信息检索。后来形成DC元数据标准,其基本方案是包括15个"核心元素"的集合,由DCMI(Dublin Core Metadata Initiative,都柏林核心元数据计划)负责维护。

DC元数据标准主要由核心元素、元素修饰词和编码体系修饰词三大部分构成。

核心元数据是对信息资源共同特点确定的元数据集合,通过这些核心元素,可以更好地检索、保存管理和利用信息资源,核心元素是各领域元数据互操作的一个基础元素集。DC的15个核心元素,如表2。

表2 DC元素描述内容的类别和范围表

资源内容描述类	知识产权描述类	外部属性描述类
Title	Creator	Date
Subject	Publisher	Type
Description	Contributor	Format
Source	Rights	Identifier
Language		
Relation		
Coverage		

元素修饰词:对元素的语义进行修饰,缩小了元素的含义范围,使其更具有专指性。被此类修饰词限定的元素与此元素未被修饰时具有同样的含义,但含义范围被限定了。如题名(Title)的元素修饰词有交替题名(Alternative),描述(Description)的元素修饰词有目录(Table Of Contents)、摘要(Abstract),关联(Relation)的元素修饰词有版本继承(Is Version Of)、版本关联(Has Version)、被替代(Is Replaced By)、替代(Replaces)、被需求(Is Required By)、需求(Requires)、部分于(Is Part Of)、部分为(Has Part)、被参照(Is Referenced By)、参照(References)、格式转换于(Is Format Of)、格式转换为(Has Format)、覆盖范围(Coverage)的元素修饰词有时间范围(Temporal)、空间范围(Spatial),日期(Date)的元素修饰词有创建日期(Created)、生效日期(Valid)、获得日期(Available)、发布日期(Issued)、修改日期(Modified),格式(Format)的元素修饰词有大小(Extent)、媒体(Medium)等。

编码体系:这类修饰词说明元素值所属的编码体系,这有助于说明元素值的含义。这类体系包括控制词表及正式的符号体系或解析规则,用某一编码体系表示元素值就意味着该值或者是来自某一控制词表的语义符号(如分类体系或主题词表中的术语),或者是格式符合某种正式编码标准的字符串(如“2000-01-01”作为一个日期的标准表达)。

DC 元数据标准主要具备以下几个特点:

• 结构简单。主要包括 15 个核心元素,且元素的含义易学易记,非编目人员也能很快理解。

• 可重复性。DC 规定所有元素都是可重复的因而解决了多著者或多版本等重复元素的著录问题。

• 可选择性。著录项目可以简化,只需确保最低限度的 7 个元素(题名、出版者、形式、类型、标识符、日期和主题)即可。

• 可扩展性。各应用单位可以根据自身资源情况在 15 个元素的基础上增加新的元素或新的修饰词,允许资料以地区性规范出现,并保持元数据的一些特性,以便日后有扩充的余地。

• 互操作性。DC 不是针对某个特定的学科或领域,而是支持对任何内容的资源进行描述,它只是选取了最重要的 15 个基本著录项目,而这 15 个项目的标识符在各种语言环境中都保持不变,这样在不同语言、不同学科的资源之间就具备了语义上的互操作性,有利于实现跨学科、跨领域的检索。

由于 DC 具有简单易学、灵活可扩展等特点,所以得到了越来越多的图书馆界人士的响应,成为图书馆数字信息资源组织与建设的主流。

3.1.5 自建资源元数据标准

通过上节对 MARC 和 DC 的介绍,可以看出 MARC 和 DC 两种标准各有所长,MARC 字段众多、著录标准、检索效率高,但在动态的网络资源描述中受到了很大的限制;DC 简洁易用,通用性强,但是不易满足专业和精确的资源描述要求。

图书馆自建资源涉及的类型较多,且每种类型资源的情况也大不相同,有的资源已有完整的 CNMARC 记录,有的则采用特有的元数据描述,而有的则没有现成的元数据描述。对于一些原来由 CNMARC 标引的资源来说,CNMARC 记录对资源对象已提供了很好的内容与格式描述,而对于一些重新加工组织与整理的资源来说,使用 MARC 作为描述资源内容的元数据方法就不是那么合适了,因为这些对象本身并没有现成的 MARC 描述记录,要新对这些资源对象进行 MARC 标引成本很高,且 MARC 本身注重形式的特点也并不适合对这些资源的内容描述。因此,从充分挖掘自建资源特色的角度来看,图书馆并不需要采用一个绝对统一的元数据描述方法,而是可以根据自建资源的特点选择或制定相应的元数据标准,不同的数字对象或对象集合可以使用不同的元数据标准。也就是说,元数据标准可以针对数字对象的类型及其特点特性来进行专门化设计,以达到其专指性、准确性。

但从另一方面来说,数字图书馆也强调元数据标准的通用性、可扩展性、元数据之间的易转换性、系统之间的互操作性等原则,因此可以同时定义一个核心元数据集,以提供不同元数据集之间的互操作需求,基于核心元数据集的元数据之间的转换与整合将更为容易实现。可以选用 DC 作为核心元数据集,DC 经过这几年的发展,已成为一个使用相当广泛的标准,不仅在国际上得以广泛的应用,在国内也引起了同行们的重视与应用研究,许多数字图书馆的相关标准均是以 DC 为基础进行的。这样可以在标准开放的前提下更好、更深层次的对资源内容进行描述,以提供未来更好的资源检索与获取服务的能力。

3.2 链接技术

3.2.1 概述

链接也称超级链接,是指从一个网页指向一个目标的连接关系,而在一个网页中用来超链接的对象,可以是一段文本或者是一个图片。当浏览者单击已经链接的文字或图片后,链接目标将显示在浏览器上,并且根据目标的类型来打开或运行。

链接技术主要包括静态链接技术和动态链接技术,链接技术更多的应用于对资源的聚合,也会应用在对资源的组织,如通过加静态链接的方式,将相关的资源进行组织。

静态链接的基本特征是将链接属性直接写为某一固定URL,用户直接点击就可链接到对象。静态链接可分为封闭式静态链接和开放式静态链接。这两种链接状态是都是固定的,容易产生死链。封闭式静态链接的逻辑控制主要由链接者本地实施,链接源也存在本地。比较常见的是数据库商内部的资源链接。例如许多信息服务商将自己的文摘索引数据库、全文期刊、文后参考文献、全文文章链接起来。开放式静态链接技术主要是逻辑控制在本地,链接源来自于其他地方。最常见的应用是图书馆内部OPAC书目数据库与其他类型数字资源的整合,在MARC记录里增加856字段,用于记录被著录的数字资源的存取地址和存取方式。不同出版商之间的数据如果严格按照某种协议描述数据和传递数据,也能实现这种开放式的静态链接。

动态链接是通过动态链接库完成的链接,动态链接库是一个可以被其他应用程序共享的程序模块,其中封装了一些可以被共享的程序和资源,运行时,可以加载到任意存储器地址,并在存储器中和一个程序链接起来,这个过程叫动态链接。动态链接是相对于静态链接而言的,动态链接可以根据用户的需要,按一定规则计算链接路径并进行链接,链接两端随着链接环境的改变而改变。

3.2.2 特点

相对来说,静态链接技术的优点是简单,不需要专业人员就可以完成,只要在所需跳转的地方加上目标地址即可完成。可以在数据库中设置一个链接地址字段，也可以在页面直接加链接地址。链接可以实现内部链接、锚点链接和外部链接等多种不同位置的链接。内部链接是指同一网站域名下的内容页面之间互相链接，或是同一个数据库中的内容的链接。锚点链接是指链接到页面的某一具体内容之处。外部链接是指与其他网站或其他数据库内容的链接。但由于静态链接的链接地址是预先指定好的，一旦地址发生变化，则链接就会失效，从而产生死链的问题，这是静态链接的最大弊端。

动态链接的最大优势就是克服了静态链接的弊端，由于增加了共享库，链接是随时根据用户需要，按规则计算出来的，即使要链接的目标发生了变化也不会产生死链的问题。但是动态链接要求所链接的目标数据要能支持动态链接协议，对不支持动态链接协议的数据是无法采用动态链接的。

3.2.3 实例分析

动态链接在资源整合中运用范围比较广，目前已开发出了一些动态链接整合协议与技术，比较有代表性的是 OpenURL 协议。

OpenURL，即开放链接，是美国国家信息标准委员会（NISO）2001 年 5 月提出草案建议的标准。OpenURL 框架是一种信息资源与查询服务之间的通信协议标准，是开放的、动态的、上下文相关的链接框架，它是在 URL 基础之上发展起来的，与静态的 URL 相比，它克服了 URL 的诸多缺陷，它的发展为上下文敏感链接提供了条件。随着 OpenURL 在信息资源整合和内容服务中的应用，美国国家信息标准组织在 2005 年批准了 OpenURL 标准版 1.0 为新的美国国家标准 NISO Z39.88①。

OpenURL 能够在服务提供者之间传递对象元数据，可将从文摘和索引数据库中发现的引文传送到链接解析器中；它不是提供网络地址，而是提供一种直接的对象服务方式。OpenURL 总体框架结构如图 15 所示。

数据源（Source）是指各种可以创建 OpenURL 的信息资源，包括各种文摘和引文数据库、图书馆在线书目系统、电子期刊、电子档案、电子学位论文以及本地数据库等。任何支持 OpenURL 的资源都可以成为数据源，也就是说，任何资源要通过 OpenURL 进行整合，首先要使这些资源遵循 OpenURL 规范。

---

① 邱玉婷，张建勇. OpenURL 技术的应用现状及趋势浅析[J]. 图书馆杂志，2012(9):83-88.

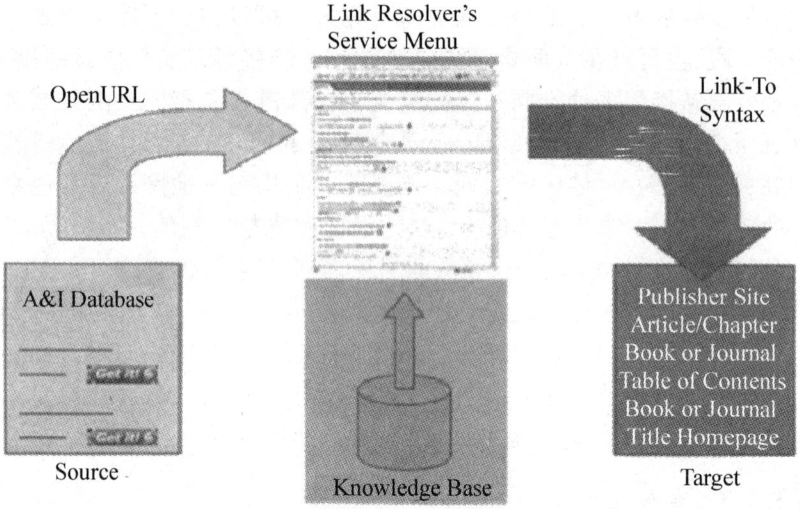

图 15 OpenURL 总体框架结构

知识库(Knowledge Base)用于支撑链接解析器,这是链接框架的重要组成部分。在传统概念里,知识库是存储所有学术内容的目录,包含给定题名的所有版本信息以及它们之间的链接。目前,很多商业链接解析器提供商从不同的信息提供商中收集在线期刊和图书内容的不同版本信息,以此来构建他们自己的专用知识库;而一些图书馆已经将自建知识库作为“自产”解析器应用的一部分。链接解析器利用其配置的知识库,解析其内容,进而决定选择何种类型的资源成为服务目标,为机构提供恰当的 OpenURL 链接给用户;同时,OpenURL 也是一种实现技术,授予链接解析器关键的输入数据。一旦确定链接,相关的选项就会以服务菜单(Service Menu)的形式展现给用户。

目标(Target)是读者要去查询获得最终结果的资源,目标可以是各种形式的电子资源,包括全文数据库、电子期刊、图书馆在线书目系统、馆际互借系统、文摘和引文数据库、目录、专利数据库、百科全书等。任何支持“Link-To”语法或支持“Search”语法的资源都可以成为目标信息源,整合在 OpenURL 框架之中。用户选择目标后,解析器利用 Link-To 句法计算 URL,将用户导向选择的目标资源。其中,所有服务菜单和目标链接的计算都是通过链接解析器系统动态、实时完成的。目前有许多比较成熟的链接服务软件系统,如 SFX、Link Finder-Plus、Open Resolver、WebBridge 等。

OpenURL 作为一种协议,规定了统一的信息服务提供者之间传递对象的元数据格式,形成一种开放的、上下文相关的链接框架结构。该协议允许信息源(如 Elsevier 或 ProQuest)传送特定对象的元数据或者是元数据对象的参考项目(如期刊 ISSN 号、标题、作者、期/卷、刊号、页码等)到某机构的网络服务组件上(通常是一个服务器,如 SFX 服务器)。OpenURL 由 BaseURL 和相关元数据组成,其中也包含一些传输附加信息的指令。实际上 OpenURL 是传递元数据及访问元数据描述对象的可执行 URL。OpenURL 使信息资源和信息服务在一个开放式互联框架内协同工作,通过建立对上下文对象的描述,可以很方便地实现多种信息资源的整合,可以整合的资源有全文数据库、文摘、索引、引文数据库和其他 web 资源等①。

国家图书馆 2005 年引进了 SFX(Special Effects),SFX 系统是以色列 Ex-Libris 公司推出的新的网络电子资源无缝链接整合软件系统,支持 OpenURL。它可以把不同来源和不同通信协议的信息完全融合,使不同类型、不同格式的数字资源实现无缝链接,其技术为机构提供特制的链接,实现在异构的分布式信息系统之间无阻碍导航。不同检索系统安装 SFX 后,在检索结果页都会出现 SFX 菜单标识,如图 16 所示,在 OPAC 系统中检索到印本期刊后,有电

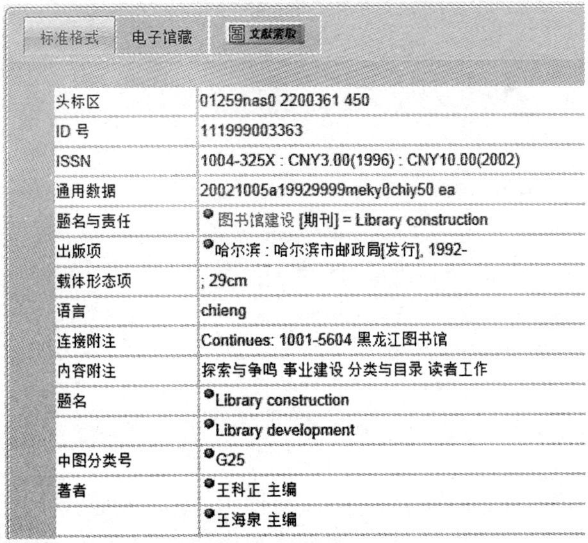

头标区	01259nas0 2200361 450
ID 号	111999003363
ISSN	1004-325X : CNY3.00(1996) : CNY10.00(2002)
通用数据	20021005a19929999meky0chiy50 ea
题名与责任	图书馆建设 [期刊] = Library construction
出版项	哈尔滨 : 哈尔滨市邮政局[发行], 1992-
载体形态项	; 29cm
语言	chieng
连接附注	Continues: 1001-5604 黑龙江图书馆
内容附注	探索与争鸣 事业建设 分类与目录 读者工作
题名	Library construction
	Library development
中图分类号	G25
著者	王科正 主编
	王海泉 主编

图 16　检索结果

① 沈艺. OpenURL 框架结构分析[J]. 情报科学,2004(8):998 - 1000.

子版本的会出现电子馆藏的标签；或者点击文献获取，出现 SFX 菜单（见图 17），在菜单上可以显示有电子刊的数据库，点击后可以直接链接到全文。通过 SFX 就可以把实体资源和电子资源以及不同版本的电子资源进行有效的整合。

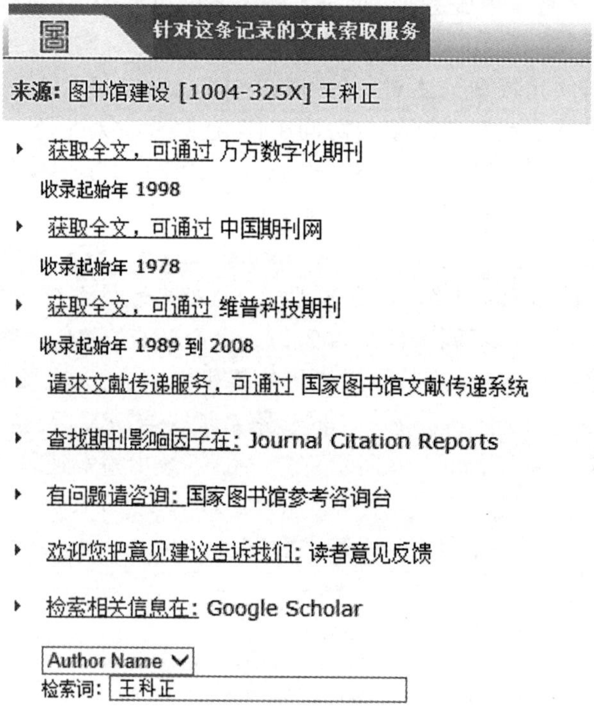

图 17　SFX 菜单

3.3　跨库检索技术

3.3.1　概述

跨库检索（Cross-Database Search）又称为"统一检索""联邦检索""多数据检索"和"集成检索"等，它是以多个分布式异构数据源为对象的检索系统。用户通过统一的检索界面，可以一次并发地对多个数据库（全文、文摘、OPAC）同时进行检索，并将各个数据库的检索结果去重、排序后归并，以统一结果呈现给用户，是在实体资源分散的情况下实现“虚拟的资源整合”。

跨库检索技术出现的初期，由于可以满足用户同时在多个数据库内检索并获得结果的需求，受到了很大的欢迎，众多图书馆和数据库厂商都推出了自己的跨库检索系统，国外的如 WebFeat 系统、MetaLib 系统、Serials Solutions 系统、Muse 系统等，国内如 CSDL 的跨库检索系统、清华同方的 USP 系统等。

跨库检索系统针对每个数据库单独开发检索工具，因此易于开发、易于部署、易于维护，在数据源的增加删除时较为容易，在单一目标数据库失效的情况下也不会影响对其他数据库的检索。但是，跨库检索系统也具有明显的弱点。例如，跨库检索系统过于依赖目标数据库的稳定，在目标数据库失效或者不稳定的情况下就无法获取检索结果；跨库检索系统一般无法获取目标数据库中的全部检索结果，因此也无法对检索结果进行有效整合；目标数据库的元数据格式多样、语义多样，这对跨库检索系统对于所获得检索结果的整合带来了很大的难度；由于跨库检索很难建立索引系统，因此在针对较大数据量的检索时，性能下降明显。目前随着数字图书馆技术的不断发展，跨库检索系统已经有了被元数据仓储取代的趋势，但是由于跨库检索系统易于开发、部署和使用的特点，仍然有着较强的生命力。

目前跨库检索技术主要应用在同时对多个 web 数据源的检索，例如开放存取的科技期刊、YouTube、维基百科、推特、各种社会网络应用等。同时，针对跨库检索系统存在的各种问题，系统供应商们也利用各种技术进行了修正，例如后台采用了 web service 和元数据映射等功能增强检索结果的有序性，采用本体等知识组织技术加强检索结果的组织与整合等。

3.3.2　特点

跨库检索系统具备以下优点：

- 检索范围大，可以同时检索被集成的多个数据库。
- 灵活性好，可以随时增删目标数据库。
- 检索结果时效性好。检索是实时对各数据库进行检索，可以获得数据库的最新数据，无需考虑数据更新问题。

跨库检索系统也存在一些不尽如人意的地方，如：

- 查询速度慢。由于是实时在多个目标数据库中进行检索，目标数据库及网络的稳定性都直接影响查询速度。

- 检索结果不完整。一般来说，跨库检索只能返回一定数量的检索结果，而不是全部检索结果。

- 查准率不易控制。这是由于源资源平台的检索机制、策略等并不相同，翻译的查询语法和资源平台的检索语句之间的匹配存在着差异。

- 维护工作较大。当源数据库检索接口、数据字段、数据结构发生变化时，跨库检索系统必须重新配置，才能保证系统正常运行。

- 没有去重功能。对存在于不同数据库的相同内容会视为不同的资源，给用户的筛选带来不便，也对数据整合造成了障碍。

3.3.3 实现方式

跨库检索的实现方式多种多样，常见的有基于协议的方式、基于中间件的方式和基于页面分析的方式等。

3.3.3.1 基于协议的方式

基于协议的跨库检索技术指的是利用检索协议对多个数据库进行检索的方法。目前，常见的检索协议有 Z39.50、SRU 等。

Z39.50 协议是一种客户机、服务器体系间信息检索的应用层协议。提出 Z39.50 的起因是为了在美国国会图书馆、OCLC、美国研究图书馆组织（RLG）等机构之间交换数据，Z39.50 的目的是为了信息系统的开放互联，由于各信息系统分别采用各自的数据库软件，数据的描述格式、访问方式等都各不相同，必须为各自数据库系统建立一个抽象、通用的用户视图，将各个系统的具体实现映射到抽象模型上，才能使不同的系统在一个相互理解的、标准的通信平台上进行交互，满足互操作的需要。其使用通用语言获取信息，使客户端和服务器之间通讯、操作标准化，提供了用户界面与文献资源数据库服务器相分离的解决办法，已广泛应用于分布式检索系统中。Z39.50 协议的实现与计算机硬件、操作系统、数据库、搜索引擎等无关，已经广泛地应用在分布式检索系统中，现在大多数图书馆自动化系统、联合目录系统、统一检索系统等都实现了 Z39.50 协议，并且与之相关的开放源码也很多，方便了系统开发。国内外有许多利用 Z39.50 协议实现跨库检索的实例。但是 Z39.50 协议比较复杂，学习难度较大，协议的开发则更难，开发成本高。Z39.50 协议采用有状态的、安全的网络连接，使得运行成本较高。同时 Z39.50 协议是客户机/服务器模式下的协议，不适合在因特网中推广使用。这些缺点限制了它在统一检索系统中的使用。

SRU 是一个面向网络环境的信息检索协议，从 Z39.50 发展而来，目的是通过提供通用的框架结构，整合对各种网络资源的访问规范，使分布式数据库之间能够协同工作。SRU 由美国国会图书馆负责维护管理，2004 年 2 月发布了 SRU 1.1 版本。根据通信协议不同，SRU 分为两类：基于 HTTP 协议的 SRU 与基于 SOAP 协议的 SRU。前者以 URL 参数表示查询请求，查询式构建遵循 CQL（Common Query Language）语法规范，每个查询请求表对应一个 HTTP Request，包括 SRU/GET 与 SRU/POST 两种实现方式；后者又称为 SRW（Search Retrieve Web Service），它遵循 SOAP 通信协议，根据 Web Service 规范把查询请求封装成 SOAP 包，并按 SOAP 消息交换机制完成信息传递。两者查询结果均采用基于特定元数据规范（如 DC）的 XML 编码。

基于协议的检索方式由于其是建立在标准与规范基础之上，在系统开发时有明确的规范作为指导，能有效降低开发难度。数据基于规范传输，可以保证数据的稳定性和准确性。同时协议经过优化，可以以较高性能传输。但是想利用基于协议的检索方式必须要求目标数据库提供遵循标准的检索界面，对于目标数据库的要求较高，若目标数据库没有提供则无法使用。

3.3.3.2　基于中间件的方式

中间件位于数据库系统（数据层）和应用程序（应用层）之间，它的主要作用是为处于上层的应用程序提供运行与开发的环境，帮助用户灵活、高效开发和集成复杂的应用软件，为访问集成数据提供统一数据模式和数据访问的通用接口，用来实现异构数据库的互操作，其实质是为异构数据库提供一个高层次检索服务。中间件还是一种支持分布式应用的重要组建框架结构，分布式应用借助中间件在不同的技术之间共享资源。

基于中间件的模式多用于数据源有数据访问接口的跨库检索。中间件模式采用中间件技术，对来自用户的查询请求，分解为对不同原始数据源的独立访问请求，通过标准（ODBC/JDBC）或非标准的数据访问接口（API）对原始数据源进行实时访问并将结果整合后通过发布系统（或直接）返回给用户。

中间件模式的特点是实时性好，任何原始数据的更改都可以在用户查询时及时得到反映，原文获取可以直接通过中间件获得，从而省去原文数据的发布服务；但其应用局限于原始数据源必须提供访问接口，而且由于各数据源的速度问题而影响到用户得到结果的时间。中间件的安全性较低，若遭遇错误操作很容易对数据造成不可逆的伤害；一般情况下，数据提供者不会提供基于中间件的数据访问方式，因此这种方式一般只适用于检索系统所在机构的本地数据库。另外中间件的开发以及获取各数据源后的数据整合策略与技术都需要合理规划，该模式适合用于有标准接口的数据源跨平台检索。

3.3.3.3　基于页面分析的方式

由于许多电子资源不支持通用的协议或接口，或是一些电子资源的创建者并不公开他们所遵循的协议，针对未知协议，通常采用"页面分析技术"实现跨库检索，即通过分析各数据库的 URL 和 HTML 页面，通过定位、抽取、尝试和分析去判定检索请求和页面内容。

页面分析技术应用性较强，对于所有的提供检索结果界面的数据库都适用；但是由于需要针对每个页面进行分析，工作量较大，并且效果并不好，对利用脚本生成的检索界面就需要大量的人工分析进行定位，一旦界面有些许改动，定位工作就需要重新进行，而且所获取的数据语义并不明显，只能通过有经验人员进行分析获得。

3.3.4　实例分析

20 世纪 90 年代后期开始，国外图书馆自动化软件开发商、图书馆和一些研究机构相继开发出十多种数字资源整合系统，包括 MetaLib with SFX、Millennium Access Plus（MAP）、ENCompass with Link Finder Plus、WebFeat 等，这些系统得到较多认同和应用，其中 MetaLib with SFX 目前在国内已有国家图书馆、中国科学院文献情报中心、中国社会科学院图书馆、清华大学图书馆、北京师范大学图书馆、四川大学图书馆等 54 家用户使用。下面以 MetaLib 系统为例介绍跨库检索的功能实现方式。

3.3.4.1　MetaLib 概述

MetaLib 是 ExLibris 公司开发的功能强大的图书馆信息门户系统，目前在全球有超过 5300 位用户。MetaLib 的功能特性如下：

• 信息门户。MetaLib 可以整合图书馆所拥有的各种资源，包括：图书馆 OPAC、特藏数据库、电子期刊、全文数据库、文摘/索引数据库、主题网关、搜索引擎、报纸、档案等。它提供一个全局的中心知识库（CKB），包含对各种资源的描述信息和配置信息，同时提供功能强大、操作简单的工具包帮助图书馆从 CKB 中创建本地的知识库（LKB）。

• 整合检索。MetaLib 实现了整合功能（即通常所说的集成检索、联邦检索、跨库检索、元搜索、广播检索、平行检索等），可以同时对多种异构资源进行并发检索。它提供统一的检索界面，将读者输入的检索式转换成符合不同资源要求的检索命令进行并发检索，同时支持检索结果的去重与合并、抽取 OpenURL、统一格式显示、多种格式保存。

● 个性服务。MetaLib 能够为读者提供个性化的学术信息环境和服务。读者可以创建自己的资源列表和电子期刊列表，建立个人的电子书架、保存检索历史、设置定题资源提醒。

● 开放链接。MetaLib 内嵌了 SFX 开放链接服务器。MetaLib 可以作为 SFX 的源资源，抽取所整合资源的 OpenURL 元数据，传递给 SFX，从而为读者提供上下文敏感的服务菜单，实现各种资源的相互链接。

3.3.4.2 外购数据库在 Metalib 中的整合方法

2005 年，国家图书馆引入了数字资源门户管理系统 MetaLib，对图书馆各类外购资源库和自建资源库进行整合，以实现同时对多个数据库进行检索。对于外购数据库，一般在 Metalib 的知识库中已经预先处理过了，因此图书馆对外购数据库的整合方式比较简单，只要通过以下几个步骤就可以实现对外购数据库的整合。

通过账号登录 Metalib 管理系统，在菜单中找到“Add a New Resource”，用于添加一个数据库。该界面，包括六个标签：Subscription、Presentation：Primary、Presentation：Secondary、Presentation：Library、Local、Categories，常用其中 Subscription、Presentation：Primary、Categories 三个标签。

● Subscription 标签页面　该页面包括数据库的基本信息，页面中带红色“*”号的为必备字段，其中常用字段为 Full Name、Display Name、Link to Native Interface URL。Full Name 用于填写数据库的详细名称，不直接显示给用户，Display Name 用于填写数据库的常用名称，直接显示给用户，Full Name 和 Display Name 的名称可以相同，Link to Native Interface URL 用于填写数据库的链接地址。详细描述如图 18 所示。

● Presentation：Primary 标签页面　此页面常用字段有 Type、Description。Type 表示资源的类型，如电子期刊、电子图书、电子报纸、特色资源等，若为综合性数据库，内容为多种类型，Type 可取多个值，最多不超过 3 个；Description 为资源描述字段，用于描述资源的详细信息。详细内容如图 19 所示。

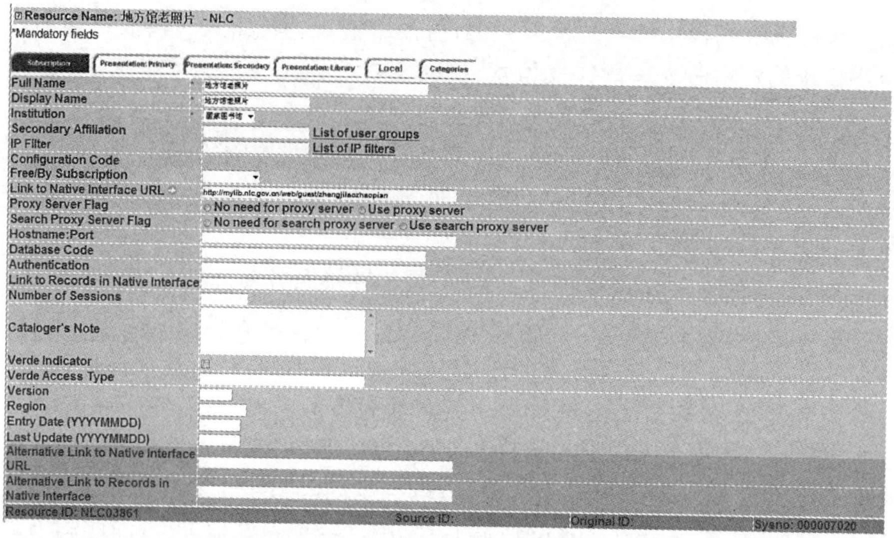

图 18　Subscription 标签页面

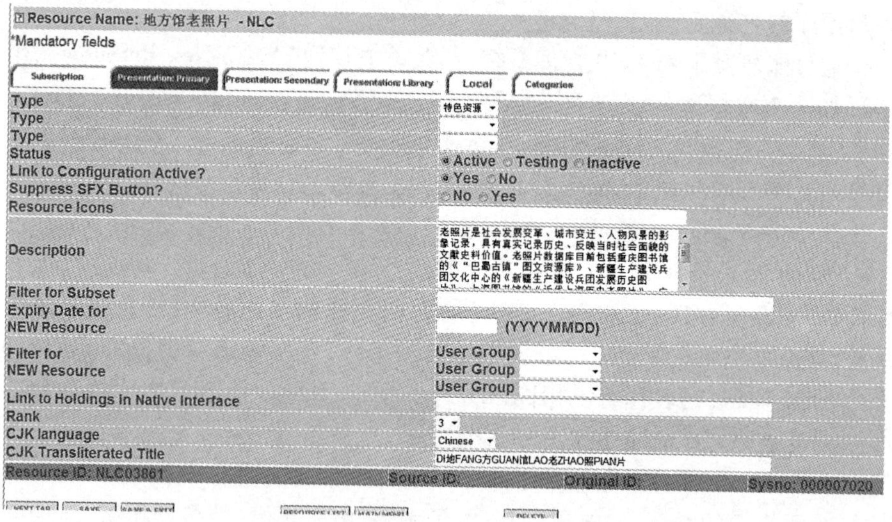

图 19　Presentation:Primary 标签页面

• Categories 标签页面　功能为设置资源的学科类型,页面如图 20 所示。左侧为可以选择的类别,下拉列表为大类,选中大类会出现所包含的子类,点击子类旁边的复选框即可选中该子类;右侧为该数据库所属的类别。

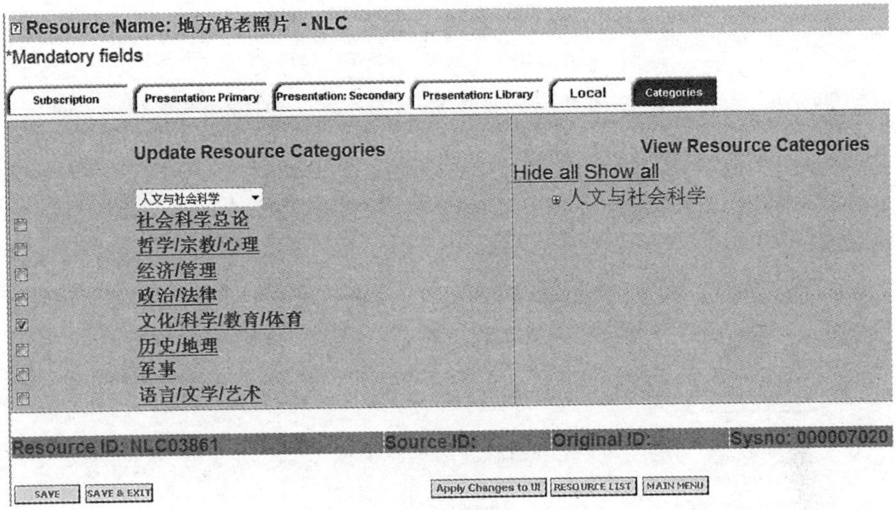

图 20　Categories 标签页面

通过上述三个标签对资源库进行描述后，点击保存即可完成对资源库的整合。在前台数据库查找页面的数据库名称处输入所添加数据库的名称，即可查看该库的描述情况。

3.3.4.3　自建资源在 Metalib 的整合方法

对于自建数字资源来说，由于没有固定的访问接口，在 Metalib 的知识库中无法预先处理，要想实现对自建资源的整合，需要对每个数据库进行定制开发，主要过程如下。

第一步，要开发针对数据库跨库检索的两个程序文件：Find 文件和 Present 文件。Find 文件的作用是将 Metalib 的检索请求发送到数据库页面，以数据库可识别的形式进行查找；Present 文件的作用是提取在数据库页面的检索结果，并转换成 Metalib 可识别的形式进行展示。Find 文件和 Present 文件一般用 Perl 语言编写，存放到服务器的/m4_2/dat01/vir_ext 目录下，文件权限设置为读取和执行，文件的命名规则如下：l_数据库简称_find、l_数据库简称_present，以“地方馆藏特色资源”为例，Find 文件和 Present 文件可分别命名为“l_dfgctszy_find”和“l_dfgctszy_present”。

第二步，在 Metalib 管理界面找到数据库，点击“Config Action”栏目下的“A”按钮（A 为 Add 的缩写，是添加的意思），为该库添加一个“Configuration code”，如下图所示。

第三步，点击“A”按钮弹出的页面如下图所示，在中间的“Add a new configuration”栏填写“Configuration code”并选择“Access Method”。“Configuration code”取值为“L_数据库简称”(数据库简称的字母为大写)，“Access Method”选择“EXTERNAL”。填写完毕点击“SUBMIT”按钮提交。

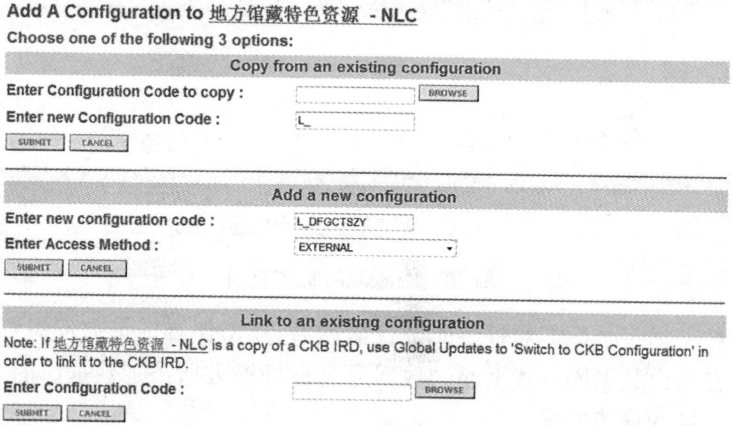

第四步，提交之后弹出如下页面，在“Find Module”栏填入“l_dfgctszy_find”，在“Present Module”栏填入“l_dfgctszy_present”，分别对应服务器上的Find文件和Present文件。填写完毕点击“SAVE”进行保存。

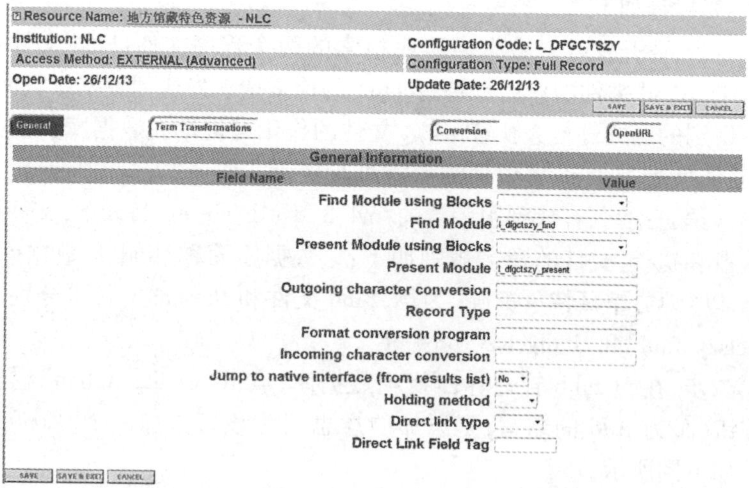

第五步，保存之后，该数据库的“Configuration code”栏和“Access Method”栏分别有了值，“Config Action”栏的按钮变为“E”（代表 Edit）和“D”（代表 Delete），如下图所示。

该数据库“Subscription”标签页面的“Configuration Code”字段也有了值，在“Hostname：Port”字段输入数据库的链接地址并保存，如下图所示，至此该数据库的整合检索配置完毕。

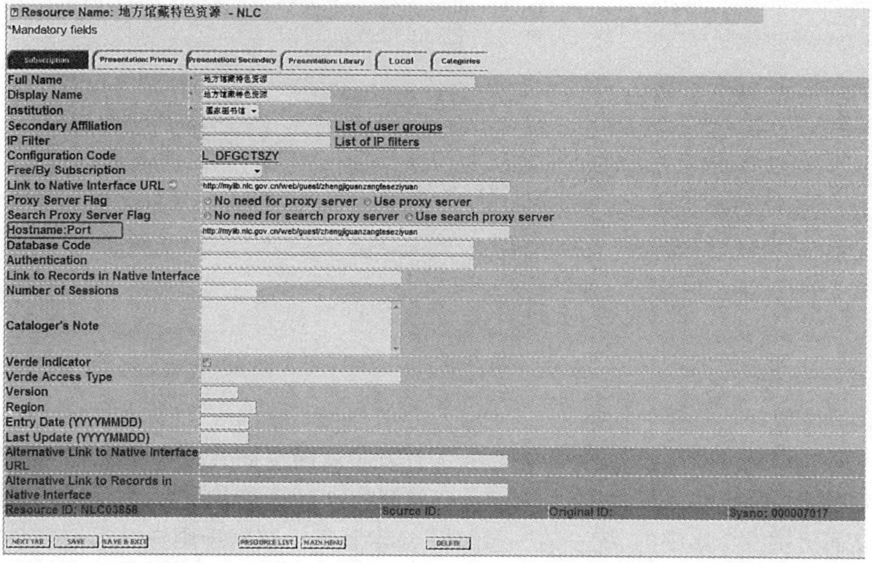

对自建资源进行配置后，在前台就可以检索查看，图 21 为查看“地方馆老照片”库的结果。

通过 Metalib，国家图书馆已完成了数字方志、年画撷英、碑帖菁华、西夏碎金、中国学网络、中国学汉学家、民国法律、民国期刊、民国图书、博士论文、馆藏中文图书、音视频资源库、文津图书奖、文津讲坛及部分地方馆自建数字资源的整合。

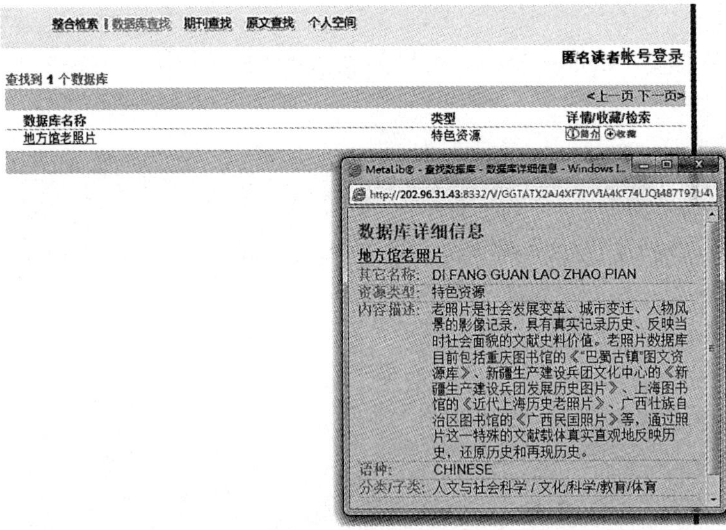

图 21　自建资源在前台的显示结果

3.4　元数据仓储技术

3.4.1　概述

元数据仓储是将异构数据库系统中的元数据复制并提取，通过分析、综合、转换、清洗和装载，使分散的、不一致的数据转换为集成的、同构的数据，从而提供一个集中的、统一的"一站式"检索服务。相当于用户对本地单个数据库进行直接检索，访问效率大大提高。

元数据仓储技术在国内外很多大型的资源发现系统或资源整合系统中都有所应用，如 Serials Solutions 公司推出的互联网级探索发现服务 Summon。它的成功在于其后台建立起自己的独有庞大知识库——数据仓储（已经不仅仅是元数据，还有很多全文数据），Summon 与内容提供商合作，可以直接获取最好的元数据（整合了 6800 多家内容提供商的内容，包含 94 000 多份期刊中的文章，绝大多数都做了深度全文索引，共收录 5.7 亿多条数据）。增加了全文索引，将不同来源的元数据进行整合处理，创建出更高质量的记录；并加入来自于 Serials Solutions 的官方命名数据、被同行评审的状况，以进一步增强完善元数据，来提高其被发现性。用户使用 Summon 既可利用元数据，也可利用全文数据进行检索，无论用户同时检索多少数据库，对 Summon 来说都是在自己的知识库中的检索。这样只需使用一个检索引擎，而不需要依赖其他供应商的检索引擎，检索速度得以大大提高。

又如 Primo 是 ExLibris 开发的一站式资源发现与获取解决方案。Primo 能够大量集成图书馆的现有环境，包括 ExLibris 及其他软件供应商的产品、数字仓储，或可检索的远程资源。Primo 系统本身被定位成一个资源发现和获取系统，它支持用户找到他们所需要的信息资源，并获取它们。Primo 系统实际上是利用可以获取的各种元数据来实现上述功能的，它内部有一个重要的模块就是元数据仓储系统，Primo 系统从图书馆控制资源收割数据，并从其他信息源获取信息来丰富这些数据，随后 Primo 系统去除重复数据，将这些数据记录分组，建立索引以供搜索。正是由于这个元数据仓储系统的存在，才使得用户能够找到信息资源。

在国内，北京万方数据股份有限公司也推出它的元数据仓储系统。元数据仓储中文资源涵盖万方、同方、维普、龙源、超星、书生、方正等数据库厂商的资源；外文资源涵盖 PubMed、Springer、ScienceDirect、Johnwiley Balckwell、HighWire、EBSCO、ProQuest、Nature、BioMed Central、RSC、BMA、DOAJ、ACS、PMC 等数据库厂商的资源。截止到 2013 年 5 月份，该公司建设的元数据仓储数量已达 5.8 亿条，其中中文数据（不含引文）总量 1.66 亿条，外文数据总量 1.92 亿条，引文数据达 2.23 亿条。

3.4.2 特点

由于元数据仓储是将需要整合的各种数据库的元数据进行了集中，其检索仅在所建的元数据仓储中进行，因而元数据仓储具备以下优点：

- 实现了不同来源元数据的一致性存储，能够对不同来源的元数据进行集中管理，简化了用户访问信息的复杂度，提高了元数据的访问速度和整合系统的性能。
- 元数据经过转换，格式相对统一，并可以按照整合者的需求重新建立各种分类体系。这种整合机制有利于实施数据挖掘、知识发现等服务。
- 为用户提供一个单一、透明的数据使用环境，查询速度快，数据质量高。
- 由于对元数据进行了集中管理，方便日后对其进行数据分析挖掘，有利于实施比信息检索更复杂、更深入的数据挖掘、知识发现等服务。

但是,元数据集中同时也会带来其他的问题,如:

- 元数据收集有一定的困难:很多元数据的建设者或拥有者,由于种种原因,不愿意提供元数据给元数据仓储,这就导致元数据仓储可检索的资源有一定的局限性。
- 检索存在滞后现象:由于元数据在本地进行存储,这样和原始数据库不同步,会有一定的滞后现象,而且也需要占用大量的存储空间。
- 维护成本高:因为要收集各个来源库的元数据另外建一套数据库,因此需要随时保持元数据的同步更新。
- 数据更新存在问题:为使元数据仓储中的数据能尽量和原始数据库中的数据保持一致,元数据仓储的建设者希望更新周期要短、更新频率要快,但这无疑给元数据的贡献者增加了很多难题,通常很难实现快速的更新。而且元数据的贡献者经常会对所建设的数据库进行变动,很难保证每次提交数据的一致性,会出现如:增加或删除部分字段,变更元数据提交的格式等。

3.4.3 实现方式

元数据仓储的作用主要是对不同规范元数据的访问和聚集,元数据仓储的核心就是建立一个可以存储各种不同规范、不同格式的元数据,而外部用户访问时,需要能够以统一的方式来访问这些不同规范的元数据,这其中有两个关键环节:元数据收集和元数据整合。

3.4.3.1 元数据收集

对于元数据收集来说,可以分为元数据收割、元数据导出导入、网页抓取和共同建设等方式。

元数据收割。通过 OAI-PMH(Open Archives Initiative Protocol for Metadata Harvesting)收割数字资源的元数据,OAI-PMH 是开放元数据获取的网络通信协议,它为网络上的数字图书馆之间元数据互操作问题提供了有效的解决方案。OAI-PMH 协议采用了 Internet 和元数据两种技术,有效地平衡了增强功能与实现难度之间的矛盾,使得数字图书馆之间可以方便而快捷地实现元数据互操作。OAI 收割的方式主要适用于支持 OAI-PMH 协议的资源,元数据仓储通过此接口定期批量收割其元数据。

元数据导出导入。对于没有提供 OAI 数据接口,不能通过元数据收割方式获取元数据的数字资源,图书馆可以通过从原始数据库中将元数据导出,并导入到元数据存储中的方式收集元数据。

网页抓取。对于某些既不提供 OAI 接口,也不另外提供元数据,但可以通过 Web 网页访问其内容的数字资源,可以通过网络信息技术手段来分析网页并获取元数据保存到元数据仓储中。

共同建设。这种方式适用于多家单位联合建设元数据仓储的情况,数据参建单位共同遵循统一的标准,使用统一的数据格式,达到数据间的无缝互联互通,通过使用相同的协议或软件系统来实现互操作。

3.4.3.2　元数据整合

元数据整合是指对元数据仓储中的各种不同规范标准的元数据进行分析处理,将其转换成为统一格式的元数据的过程。元数据整合具体包括元数据的统一存储、语义分析、制定统一元数据结构、配置文件解析器、元数据转换及清洗等工作。

原始数据存储:是指对收集到的各种元数据的存储,因为元数据来源多样、格式多样、语义也有所差异,在进行数据存储时,要能够智能识别文件类型和来源。

语义分析:是指对每个数据库的各个字段的分析,这里要确认每个字段的准确含义、哪些字段是用于检索所必需的、哪些字段仅是用于显示的、哪些字段是数据制作单位用于资源管理的等。只有对每个数据库的字段进行了准确的分析,明确了字段的含义才能在后期的整合中减少错误的发生。

制定统一元数据结构:制定统一元数据结构是为了能够将不同结构的元数据进行有效的整合,既能保持不同资源的共性内容,又能保留其个性化内容。统一结构制定的科学与否,直接影响着元数据仓储建设的效果。

配置文件解析器:是将原始数据库结构和统一元数据结构的字段进行映射规则制定的过程,需要对每个原始数据库的每种不同格式的元数据单独配置解析器,以便能实现元数据的转换。

元数据转换:元数据转换就是通过文件解析器将原始的元数据转换成为统一元数据结构,消除异构数字资源之间的不一致性,同时确定不同元数据之间的关联关系,包括书目数据和目次数据的挂接、书目数据和规范数据的挂接,书目数据和数字化数据的挂接等,为来自不同系统的数字资源之间的比较、整合以及统一存储奠定基础。

清洗:主要是解决信息冗余的去重以及错误和不完整信息的修正、剔除问题。同时,将转换过程中因不符合统一的元数据结构、字段定义而无法转换的元数据作为错误数据单独提取,并通过人工进行处理。

3.4.4 实例分析

随着数字图书馆进程的不断加大,各种数字资源不断涌现,对图书馆界数字资源的整合与揭示也提到重要的位置。2012 年,国家图书馆牵头,开始建设推广工程元数据仓储。下面就以推广工程元数据仓储为例进行分析。

3.4.4.1 背景

2011 年,数字图书馆推广工程开始实施,该工程联合全国图书馆的力量,建设分级分布式数字图书馆资源库群,进一步丰富数字文化资源总量。工程以“合作共建”和“合理共享”为原则,通过合作数字化、资源征集、以贡献换服务、联合采购等多种方式,实现全国数字资源建设的统筹规划和科学管理。

目前,各公共图书馆都大力加强资源建设,除外购各种商业数据库外,还建设了大量具有地域特色的自建资源,具有较高价值。但由于建设主体的多样性,导致元数据千差万别,且缺乏对这些资源的整体规划和整合,资源分散在各地。如果不能对资源进行规范管理,其海量性、异构性与分布性必然会对数字图书馆的建设带来不利影响。为更好地管理各类资源,给用户提供方便快捷的资源发现服务,国家图书馆于 2012 年开始牵头构建推广工程元数据仓储。元数据仓储建设的目标是完成国家图书馆、全国各级公共图书馆馆藏资源元数据的汇集、整合及有效管理,实现各异构系统间的元数据交换与互通互用,全面提升数字图书馆精细化服务能力与服务水平。

3.4.4.2 建设原则

元数据仓储主要包括国家图书馆资源和公共图书馆界资源两大部分:国家图书馆的元数据包括自建资源元数据、商购资源元数据以及全国范围内联合建设的资源如联合编目系统中的元数据;公共图书馆界的主要是各公共图书馆自建资源的元数据。主要遵循以下几个原则进行元数据仓储的建设。

(1)有序性。有序性一方面是指元数据在仓储中的位置有序,便于管理及调用,另一方面是指通过元数据实现对象数据的有序性,便于用户发现。

(2)规范性。项目所建设的资源类型多样,内容涉及各个方面,元数据标准不仅包括通用标准、行业标准,也包括自建的标准,因此在元数据标准建设及元数据制作及互操作的过程中,必须贯彻规范性原则。规范统一的元数据能够保证用户检索的准确性,也有利于通过对元数据的再加工提供增值服务。

(3)扩展性。数字资源正处于快速发展的阶段,资源类型、传播方式、整合技术等都发生着日新月异的变化。此外，项目所整合的资源类型多样，不但有图书馆传统的资源，也包括大量非传统类型的资源，缺少成熟的元数据标准。因此，元数据仓储系统与标准的建设都应遵循扩展性原则，以包容未来可能出现的变化。

3.4.4.3 建设情况

元数据仓储建设工作主要包括从多个数据源收集元数据，形成元数据的统一存储，之后，对多来源、多类型的元数据进行清洗、转换等数据整合工作，最终构建规范统一的元数据仓储。其中两个环节比较重要：一个是元数据的收集，一个是元数据的整合。因本书主要研究的问题为图书馆自建资源的整合，因此对元数据仓储中商购数据的问题暂不予以讨论。

(1)元数据收集

元数据的收集主要由国家图书馆数字资源部的工作人员承担，对于国家图书馆自建资源的元数据，因都分布在国家图书馆内部的各部门中，收集起来相对容易，主要通过文件传输或拷贝的方式获得，对于实体资源的书目数据主要是通过联合编目系统获取。

截至2013年11月底，国家图书馆为建设元数据仓储，共收集到77个中文数据库的1.2亿条元数据，及23个外文数据库的266万条元数据；联合编目数据900万条，篇名数据19万条，目次数据94万条，以及国家图书馆各类自建资源93万条。资源种类包括电子图书、期刊论文、会议论文、事实数据及音视频等。元数据格式有ISO、MDB、TXT、EXCEL、ACCESS、SQL、MARC、XML等多种格式。元数据粒度既包括个体层数据，如一种电子图书、一幅电子图像、一部视频等；也包括集合层级数据，如丛书、组画等；以及析出层数据，如会议文集中的论文、图书的目次等，其中自建资源内容见表3。

表3 元数据仓储中国家图书馆自建资源情况表

中文图书	数字化的图书、文津图书奖获奖图书、少儿数字图书馆图书、新闻出版总署推荐中文图书等
论文	自建数字博士论文
民国文献	民国期刊、民国法律、民国图书
古籍文献	金石刻拓片、甲骨实物、甲骨拓片、善本老照片、年画、西夏文献、西夏论著、宋人文集、哈佛燕京图书馆善本全文影像、普林斯顿大学的中华古籍善本

续表

视频	学术讲座、文津讲坛
网络信息	政府公开信息
实体文献	联合编目的书目数据、篇名数据

公共图书馆界的元数据，是通过全国公共图书馆自建资源登记方式获取的。为了更好地对图书馆界自建资源进行整合，国家图书馆 2012 年启动了公共图书馆自建资源登记项目，该项目建设的目的一方面是全面了解全国公共图书馆自建数字资源的现状，将所有的元数据汇总成上文所提的元数据仓储，为自建资源的统一检索、整合、评估和开发等深度建设提供元数据基础；另一方面也为各馆的自建资源提供一个展示的渠道。最终目标是逐步形成全国公共图书馆自建数字资源元数据信息库，建立全国公共图书馆自建数字资源的联合目录。

数字资源登记的对象为各公共图书馆自建的数字资源，类型包括但不限于数据库、图书、期刊、论文、报纸、图像、音频、视频数据等，登记注册粒度包括但不限于种、册、期、篇、幅、首、场等。

为了便于日后对元数据进行统一管理与整合，在项目开始阶段，依据 DC 元数据标准和数字图书馆工程的标准规范制定了《全国公共图书馆自建数字资源登记元数据规范》，设定了 16 个元素：名称、责任者、主题、描述、出版者、日期、类型、原始标识符、语种、关联、访问方式、发布地址、适用对象、版本、标识符、其他字段，其中必备元素有 7 个：名称、主题、类型、语种、访问方式、发布地址、适用对象。规范的制定遵循以下几个原则：

1）规范性：规范性是元数据交换、利用、共享的基础。登记元数据规范依据《国家图书馆元数据应用规范》并参考 DCMI 发布的《都柏林核心元数据元素集》1.1 版，保证了在数据结构、格式、语义、句法等方面的一致性和整体性。

2）功能性：功能性是指在制定规范时从项目建设目标出发确定元数据的功能。如：为实现对全国公共图书馆自建资源进行普查的目的，设定了多个具有描述、识别功能的元素，以方便进行统计；为实现资源的有效发现，设定了主题、关联等元素；为实现对共建馆的推广与展示功能，设定了出版者、发布地址等元素，使用户能定位到数字资源的建设馆。

3）便利性：便利性是指在制定规范时能够考虑编目员的便利。除制定了元数据通用规范，还对数据库、图像、图书和音视频四种类型资源的元数据规则进行了细化，并分别制定了适用于这四种资源的专门元数据规范，提供详细样例，方便编目员在制作元数据时借鉴。

但是，通过标准规范的建设达到数据的有效整合是一种较为理想的状态，由于各公共图书馆发展水平不一，人力、物力的差异性比较大，或是前期资源建设量已经很大，部分图书馆不能完全按标准进行元数据登记，就采用将已建数据直接提交给国家图书馆的方式，由国家图书馆进行元数据的进一步整合。

截止到2013年11月底，国家图书馆共收到22个公共图书馆150万余条的元数据，这些图书馆自建资源库的选题主要有以下四类：包括地方史志、家谱、人物、图书、期刊、报纸在内的地方文献特色数据库；以当地遗留下来的珍贵图片、照片等为来源通过扫描、翻拍等技术制成的电子资源以及将当地的视频、本馆讲座进行收集建立的多媒体数据库；根据本地发生的特定事件或特定主题建立的专题特色数据库；未包含在以上三类资源中的地方文化、经济参考等特色数据库。自建资源库包括图书、期刊、报纸、图像及音视频等多种类型的资源，涉及EXCEL、TPI、TRS等多种数据格式，有互联网访问资源也有局域网访问资源。另外，有24个公共图书馆登记了123个数据库资源。

表4　公共图书馆自建资源元数据登记情况　　单位:条

序号	图书馆名称	登记数量	序号	图书馆名称	登记数量
1	河北省图书馆	324	12	辽宁省图书馆	1 421 577
2	大连图书馆	3976	13	山西省图书馆	362
3	丹东图书馆	19 000	14	深圳图书馆	12 468
4	福建省图书馆	7182	15	首都图书馆	17 696
5	广东省立中山图书馆	710	16	泰达图书馆	545
6	广西壮族自治区图书馆	4145	17	文山州图书馆	23
7	衡阳市图书馆	13	18	西安图书馆	194
8	湖南图书馆	14 564	19	新疆兵团图书馆	3080
9	江西省图书馆	464	20	盐城市图书馆	253
10	九江市图书馆	88	21	长沙市图书馆	1492
11	廊坊市图书馆	242	22	长治市图书馆	21
合计	1 508 419				

表 5　公共图书馆自建数据库登记情况　　单位：个

序号	图书馆名称	登记数量	序号	图书馆名称	登记数量
1	黔南州图书馆	25	13	盐城市图书馆	1
2	广西壮族自治区桂林图书馆	5	14	西安图书馆	2
3	广西壮族自治区图书馆	16	15	长春图书馆	1
4	黑龙江省图书馆	12	16	福建省图书馆	3
5	廊坊市图书馆	2	17	广州图书馆	11
6	重庆图书馆	2	18	青岛市图书馆	1
7	首都图书馆	4	19	大连图书馆	5
8	江西省图书馆	5	20	广东省立中山图书馆	5
9	金陵图书馆	1	21	湖南图书馆	3
10	湖北省图书馆	1	22	深圳图书馆	3
11	崇文图书馆	3	23	长沙市图书馆	6
12	汕头市图书馆	1	24	辽宁省图书馆	5
合计	123				

元数据收集到后，需要对其进行核查，这是保证元数据仓储质量的重要一步。通过对元数据的核查，以保证元数据的可用性、完整性、准确性。元数据核查的主要内容包含以下几点：

- 元数据的核心字段（如 ID、标题、URL）是否提供完备，除了核心字段以外，其余元数据字段需尽量丰富详细；
- URL 是否可以正常链接到相应的揭示页面；
- 元数据内容是否规范（无乱码、串行、数据错位等问题）；
- 是否提供元数据入库的起止日期、元数据条数等详细描述信息；
- 是否提供当前数据库的全量数据，如果是更新数据，需核查更新时间段的数据是否全部提供；
- 若为新库，是否提供字段语义说明；若为老库，元数据格式及字段是否有变更，如有变动则需提供变更情况、原因及变更字段的语义说明。

核查无误的元数据需要进行登记，登记是将每次所收到的元数据的各项信息进行记录，包含数据库名称、数据库元数据格式、元数据条数、元数据更新周期、元数据更新方式、元数据起止日期、元数据容量、元数据字段名等内容,详细而准确的元数据登记,将有助于保证元数据仓储建设的有序开展和不断壮大。

在元数据收集方面,最大的问题是元数据拥有者由于种种原因并不愿意将其所拥有的元数据交给元数据仓储进行统一的检索服务。这两年对省馆自建资源收集的总量对比附录对省级公共图书馆自建资源的调查情况可以发现,不论是参与登记的图书馆,还是图书馆登记的具体信息都离现有的状况相距甚远。因此还需要建立元数据仓储的建设机制,确保可持续发展。

元数据仓储的建设,离不开元数据的持有者配合。因此最有效、最根本的解决办法是寻找各方共同的需求,从而建立起元数据拥有者(包括数据库厂商、出版机构、图书馆等)与元数据仓储建设者的合作机制,实现多方共赢,以确保元数据仓储建设的可持续发展。一方面,依托数字图书馆推广工程,在行政管理方面建立相关的制度,依靠整体的统筹规划和各种管理政策的支持;另一方面,通过各种措施调动元数据拥有者贡献资源的积极性,如:强化全国性数字资源发布平台的功能,使其不仅是全国数字资源的发现平台,也是全国公共图书馆、数据库商等资源提供者的展示、推广平台,更是为元数据的拥有者及使用者提供信息检索、参考咨询、文献提供、馆藏分析、资源评估等精细化、个性化服务的功能性平台。

(2)元数据整合

元数据的整合对于元数据仓储的建设至关重要,元数据整合的优劣直接影响后期服务的效果。元数据整合的过程如上文所述,包括原始数据存储,语义分析,制定统一元数据结构,配置文件解析器,元数据转换、清洗、规范控制等一系列的过程(详见上文"3.4.3.2"论述)。其中比较重要的环节是原始数据存储、元数据统一结构和映射关系确定。

1)原始数据存储。在本项目的建设中,因为元数据来源众多,包括数十个厂商和图书馆各种自建资源库,格式各异,包括 WORD、EXCEL、XML、HTML、MDB、MARC、ISO 等十余种,占用上 TB 的存储空间。为使系统能够智能识别文件类型和来源单位,在进行数据存储时,我们定义了一个特别的目录结构,当遇到文件时,可以通过该文件的路径,分析出该文件的存储格式及来源单位。这个目录结构是可拓展的,只要符合数据录入和结构配置的规则,就可以自由的存放数据文件。

2)统一元数据结构的制定。统一元数据结构的制定是元数据仓储建设的核心问题,统一元数据结构的制定依赖于前期对每个数据库字段的分析。统一结构既要能涵盖所有数据库的字段,又不能过于繁杂。

因此,在项目中,对统一元数据结构的设计分成了两个部分,一个是关键属性集,主要用于存储重要的描述信息,这些信息具有检索的功能,如名称、责任者、关键词等。在这部分中,重要是能兼顾不同类型资源的特性,如期刊论文的基金信息,学位论文的研究领域、授予单位,图书的丛书信息等。另外,对资源的描述也不能像图书馆专业的 MARC 那样复杂,把所有细微的区别都考虑进去,如题名项,包括正题名、副题名、交替题名、并列题名、封面题名、书脊题名等。所以需要先按资源类型把资源分类,提取每类资源最基本的核心字段和能反映该类资源的个性字段,然后将不同类型资源的字段进行比较,相同语义的字段用统一的元素表达;不同语义的字段再进行分析能归并的字段尽量归并,如题名仅设置 title 和 allTitle 两个字段,以确保统一结构的简洁实用;同时要注意确保不出现不同字段的语义交叉。

另一部分是其他属性集,这部分主要存储一般的描述信息,可以对对象数据进行进一步详细的揭示,但不具备检索功能,其他属性集可以很好的保存各个数据库的个性化字段。其他属性集分成两部分,一个是存放已定义的特定数据的属性名和对应值,即未包含在关键属性中的已有字段,如资源的修改时间、发布时间,作者简介等信息。另一个是存放未定义的特定数据的属性名和对应值,以应对可能出现的新字段。

3)元数据映射关系的制定。元数据映射关系的制定是元数据仓储建设的另一大难题,因为不同机构提交的元数据所依据的元数据标准不同;同一机构提交的元数据因不同层次的应用和不同的需求也会产生不同的元数据;同时为了使用方便,一条元数据会兼具描述型、管理型和结构型功能的元素;另外,相同内容在不同数据库中会有不同的名称;相同名称字段在不同库中会表示不同的内容;即便在同一个数据库中不同字段之间还会有语义的交叉,等等,这些不同都给元数据的映射带来了很大的困难。

因此在进行元数据映射时,需要以用户便利性与损失最小化为原则,即为方便用户可以在异构资源中更加准确、便利地发现所需的信息资源,对有检索功能的字段进行对应转换,同时以保留原始数据的原貌为原则,尽量保持原始信息的完整性,主要提供用户浏览。如对映射关系最为困难的 MARC 类型资源的处理上,因为 MARC 体系完备、句法严格,能够表述丰富内容,各个子字段之和数百个,如果将 MARC 全部保留则会导致统一元数据结构的庞大。对 MARC 的映射,采取的是保留重要字段,合并相同内容的字段,不对细节进行进一步区分,如将 010、011、091 的 $a 都映射到 identifier,将 2 字段、3 字段和 5 字段的各种名称字段都映射到 allTitle,将 2 字段和 7 字段的各种责任者都映射到 allCreator,将 4 字段的各种关联字段都映射到 relation,等等。

• 在元数据整合过程中,遇到的最大困难就是不同数据库元素的语义确定及相互关系的确定。在对大量异构数据库进行整合时,我们发现如下诸多的问题,如:

• 相同内容在不同数据库中有不同的名称。如在责任者字段,有作者、第一作者、原著、主要责任者等多种名称。

• 相同名称字段在不同库中表示不同的内容。如在有些数据库中,主题字段所著的内容是主题词或关键词,在有些数据库中主题字段所著的内容是分类或分类号等,在清华同方的数据库中,主题的范围更广,包括中英文篇名、中英文关键词、机标关键词、中英文摘要,这与图书馆界所说的主题大不相同。

• 不同字段有语义的交叉。如在很多数据库中,会同时出现中文摘要、英文摘要、中英文摘要,同时出现论文作者、英文论文作者、中英文作者、第一责任人等字段。

• DC 与 MARC 的映射问题。这两种元数据格式从编制原则到元数据结构都存在着较大的差异。DC 格式简单,具有可扩展性、兼容性,适用于各种类型资源,在世界范围内能够得到广泛认同;而 MARC 体系完备、句法严格,字段能够表述丰富内容。这些差异导致在映射中出现大量结构匹配差异、应用匹配差异、语义匹配差异,无法实现完全映射。

• 参考标准不一致的问题。由于元素取值所依据的标准不一致导致的语义差异,在中外文数据库的标引字段较为明显。如:使用的主题词表有中国分类主题词表、美国国会图书馆主题词表(LCSH)、医学主题词表(MeSH)等,使用的分类法有中国图书馆分类法、杜威十进制分类法(DDC)、国会图书馆分类法(LCC)、国际十进制分类法(UDC)等。分类法、主题法等知识组织工具对知识的揭示、检索服务的支持都具有重要的作用,但对不同的标准进行映射,目前尚无先例。

因此,在进行元数据整合的同时,需要加强元数据互操作研究,不断提高元数据整合水平。元数据仓储建设的出发点是对不同规范元数据的访问和汇集,即元数据互操作,元数据互操作性的实现是元数据仓储中丰富资源能否获得有效利用的核心要素。元数据互操作分为三个层次,分别是语义互操作、句法互操作、结构互操作。其中,语义互操作解决系统交互过程中语义异构的问题,可以较好地解决资源集成和服务集成过程中的语义冲突,即逻辑地屏蔽由现实世界中分类定义的差异性导致的分类差异性、定义差异性以及表达形式差异性带来的信息数据的语义不一致性,从而保证系统交互过程中信息的准确性以及语义的完整性和最小损失,达到彼此之间最大限度地获取有用的信息,这是实现信息语义共享的有效途径之一。这就需要从事元数据仓储的建设者,加强对元数据互操作的研究,尤其是语义互操作的研究。

当然,元数据互操作并不能马上解决所有数据整合问题,只能随着互操作研究的进展,不断的优化数据整合的效果。因此,对于目前还无法处理的差异,可以在元数据仓储建设的过程中,以用户便利性与损失最小化为原则。即:为方便用户可以在异构资源中更加准确、便利地发现所需的信息资源,对有检索功能的字段进行对应转换,同时以保留资源元数据的原貌为原则,尽量保持资源元数据信息的完整性,主要提供用户浏览。另外,在最终应用的导航分类的设置中充分考虑资源分类问题,尽量使每种数字资源都各有其类,以弥补现阶段无法对中外受控词表进行互操作的缺陷。随着数字图书馆标准规范的建设,知识组织工具的互操作也会有较大的进展,从而为元数据仓储的语义互操作提供支持。

4　整合的常见形式

数字资源的整合方式有多种多样,许萍华总结国内数字资源整合方式主要有四种:基于 OPAC 的整合,基于资源导航的整合,基于系统的整合和基于服务的整合①。

饶露玫认为数字资源整合的方式是根据所整合资源的形式、描述的对象、采用的技术等的不同大致有以下几种:建立数字资源导航系统,利用 OPAC 系统与其他资源整合,采用元数据方式,完善搜索引擎,实现多层次的标引和链接②。

赵建平认为数字资源整合的方式大体上分为宏观上和微观上:宏观上分为实体法和虚拟法,微观上为物理整合和逻辑整合;具体包括基于数字图书馆的整合方式以及面向内容、面向对象、面向任务的整合方法。其中,基于数字图书馆的整合方式为四个层次:汇合整合方式,组合整合方式,重组整合方式,一体化综合整合方式③。

傅丽君在《数字信息资源的整合研究》一文中认为数字信息资源的整合方式主要有:一体化综合整合和引文连接,制定规范标准建立特色数据库,海量信息的冗余消除和信息一致性,Z39.50 协议与局部资源整合④。

黄晓斌将数字资源整合方式分为:基于导航系统的数字资源整合,基于 OPAC 系统的数字资源整合,基于链接系统的数字资源整合,基于跨库检索系统的数字资源整合;并比较了这四种整合方式的特点与不足,给出了选择数字资源整合方式的建议⑤。

---

① 许萍华. 国内数字资源整合理论研究和工作开展的现状分析[J]. 图书情报工作,2005(12):120-122.

② 饶露玫. 广东省立中山图书馆数字资源的整合与利用[J]. 科技情报开发与经济,2005(13):3-5.

③ 赵建平. 数字信息资源整合方式比较研究[J]. 情报科学,2008(12):87-91.

④ 傅丽君. 数字信息资源的整合研究[J]. 科技资讯,2005(22):7-8.

⑤ 黄晓斌,夏明春. 数字资源整合方式的比较与选择[J]. 情报科学,2005(5):690-695.

李雪琴在《数字信息资源整合技术与模式探讨》一文中指出：数字资源整合是通过技术合力，将复杂转变为简单，它具有多种整合模式。鉴于数字资源整合实践和研究的现状，李雪琴主要对局部资源整合和标准资源整合模式进行探讨和介绍①。

于凤英等在《浅谈图书馆数字资源整合》一文中则把数字资源整合的模式归为于 OPAC 的整合、基于网络数据库资源系统的整合、基于数字图书馆的整合②。

苏兰芳等所著《数字资源整合模式的比较研究》一文依据信息资源的存储与检索方式，将信息资源整合大体分为实体法与虚拟法这两种模式，并对这两种模式进行详细说明；然后分别描述和比较两种数字资源整合模式下的信息资源整合系统架构及功能特点，指出各自的优势和不足；最后结合两种模式的优点，提出数字资源整合的综合解决方案③。

李育嫦在《高校馆藏数字资源整合现状调查与分析》一文中将数字资源整合模式分为这五种模式：链接整合、基于 OPAC 系统的整合、电子资源导航整合、学科导航整合、异构数据库资源整合④。

王爱丽在《数字资源整合技术与模式研究》一文中将数字资源整合模式分为四种：基于 OPAC 系统的资源整合，基于数据源的整合（导航整合、平台整合），基于知识管理的数字资源整合，OAI 标准整合模式⑤。

本文结合上述业内人士的主要观点和十年来的工作经验，主要介绍网络信息导航、专题数据库建设、基于 OPAC 的整合和基于统一检索平台的整合四种比较实用的整合方式。其中网络信息导航和专题数据库建设适用于网络资源及图书馆通过各种方式所获取到的未经有效组织的数字资源的整合，更侧重于对资源的有效组织。基于 OPAC 的整合和统一检索平台的整合比较适合已经建立有数据库，需要对各种数据库进行深入整合的情况，更侧重于对资源的汇聚。

---

① 李雪琴．数字信息资源整合技术与模式探讨[J]．晋图学刊，2006(6)：30－32.

② 于凤英等．浅谈图书馆数字资源整合[J]．济南职业学院学报，2005(12)：70－72.

③ 苏兰芳等．数字资源整合模式的比较研究[J]．实践研究，2006(3)：308－310.

④ 李育嫦．高校馆藏数字资源整合现状调查与分析[J]．图书馆建设，2007(6)：81－84.

⑤ 王爱丽．数字资源整合技术与模式研究[J]．图书馆学研究，2006(3)：60－62.

4.1　网络信息导航

4.1.1　概述

网络信息导航,又称网络信息门户、信息网关,是针对特定主题领域,按照一定的资源选择和评价标准、规范的资源描述和组织体系,对具有一定价值的网络资源进行搜集、选择、描述和组织,并提供浏览、检索、导航等增值服务的专门性信息网站。

传统的信息环境是以人(出版者、图书管理员等)作为媒介,来筛选、加工信息以便于用户搜索目录和索引,而不必浏览原资料和不相关的信息,网络信息导航也是基于相同的原理,由学科和信息专家对因特网资源进行选择、分类和著录,它将某一学科的网络学术资源由分散变为集中,由无序变为有序,对于整个网络信息系统来说,它提高了网络信息的有序化程度。网络信息导航与搜索引擎最大不同之处在于,所展示的都是经过图书馆员的分析筛选后的信息,有较高的学术质量,同时这些资源以及尽可能多的相关信息资源在保持其学科的整体性、关联性的基础上,经过分类、标引、建库等加工,重新集合成具有新的组织结构和功能的系统化的资源体系。

网络信息导航借鉴传统的文献信息处理技术和经验,对网络信息资源进行深度加工和更为系统的组织,克服了搜索引擎检索效率低的缺点,成为解决网络信息过载问题的有效途径和手段之一①。网络信息导航可以为用户利用网络资源建立了一个比较完整的检索系统,通过网络信息导航,读者可以特定的学科领域为途径,直接获得来自网络的各研究机构、专业站点、专业文献(包括专业电子文献、专业传统文献)、会议乃至工商业、政府机关等信息,快速了解本学科领域的前沿研究动向、发展趋势和国际动向。可以说,网络信息导航为用户开辟了一个全方位了解和掌握特定学科的较为方便快捷的途径。同时,由于网络信息导航通常是经过图书馆专家从大量的相关信息中认真挑选出来的较为优秀、准确、权威的信息,所以也是检索特定学科信息的较为可靠的途径。

---

①　何琳,陈焕之. 我国学科信息门户研究综述[J]. 图书馆工作与研究,2010(12):9–3,28.

网络信息导航的建设于上世纪 90 年代开始。典型的如英国的 Intute 系统①,该系统由英国曼彻斯特大学、牛津大学、诺丁汉大学、伯明翰大学等 8 所大学共同建设,提供由学科馆员选择和评价的高质量教育研究方面的网络资源,提供包含检索、浏览、热点专题、博客等在内的 40 多项服务,还包含了虚拟训练、扩展检索、数据库检索、任务索引、个性化服务、国家指南等多项特色服务,内容涵盖科学与技术、艺术与人文科学、社会科学和健康及自然科学四部分,并提供资源分类浏览,是为教育和科研人员提供的高质量、综合性、多学科导航系统。Intute 提供"Search"和"Advanced Search"两种检索界面,供不同检索水平的用户选用,用户可以通过题名、描述、关键词、学科限定、出版类型限定、国别等角度检索,并选择排序和显示方式。检索过程中,系统还支持布尔逻辑、位置算符和截词算符的使用。Intute 系统极具人性化,成为全方位集成信息的广泛使用的国际服务,曾在 2002 年被美国图书馆协会评为年度最佳免费参考网站。不过,令人遗憾的是,Intute 也同多数网络导航网站一样,没有维持下去,于 2011 年 7 月停止了维护。

美国的 IPL2 系统②。该系统是在 1995 年美国密歇根大学创建的网上虚拟参考咨询热门网站 IPL 的基础上,由德雷克赛尔大学信息科学与技术学院于 2010 年 1 月集成了"互联网公共图书馆"(Internet Public Library,IPL)和"图书馆员因特网索引"(Librarians' Internet Index,LII)两大资源后,形成的一个新的网络资源导航网站。IPL2 是一个公共服务组织和学习/教学环境,有数千名学生、志愿者及图书情报专业人士参与设计、建设、创建和维护 IPL2 的资源。这些志愿者通过采集、选择、评价和重组优质的网络信息资源,为用户提供了浏览和检索可信赖的网络资源的通道。IPL2 系统导航的资源分为五类,分别是学科资源、报纸期刊、IPL2 专藏、少儿资源、青少年资源。这五类资源又细分为更具体的小类,对资源进行分类导航。

Internet Library For Librarians③(图书馆员的互联网图书馆)。该项目建于 1994 年,是深受图书馆员欢迎的信息资源导航网站,被上百个图书馆和组织链接和引用参考,如美国国会图书馆和 OCLC。它收集了 3000 多个方便图书

① Intute[EB/OL].[2013 - 04 - 08]. http://www.intute.ac.uk/.

② IPL2[EB/OL].[2013 - 04 - 08]. http://www.ipl.org/.

③ Internet Library For Librarians[EB/OL].[2013 - 04 - 08]. http://www.itcompany.com/inforetriever/arc_appr.htm Internet Library For Librarians.

馆员查找相关专业信息的网站资源，用题名、描述、关键词等进行介绍，并可链接到原网站。整个网站分为便览、图书管理学专家、附件三大部分，其中“便览”是关于图书馆员参考工具书方面的；“图书管理学专家”是关于图书馆一整套信息采集、管理、保护、图书馆自动化、编目、服务方面的；“附件”包括了网上图书馆、图书馆学协会、图书馆学期刊、图书馆学院校等15个部分，可看作是对图书馆学情报学网络资源的导航。

我国也有多家单位在从事学科信息门户的建设工作，比较有代表性的是中国科学院文献情报中心的网络信息资源导航①、CALIS重点学科网络资源导航门户②，清华大学图书馆的“推荐网络学术站点”③等。

中国科学院文献情报中心的网络资源导航。该系统将网络信息资源分五类进行了导航，分别是搜索引擎/门户/网络资源/常用软件、国内外图书馆、中国科学院研究所、中国科学院文献情报系统、社会科学网络资源导航五部分。前四部分是按资源的类型进行的分类，因主要是常见的系统和机构，因此仅提供了资源的名称。第五类社会科学网络资源导航，是按学科进行的导航，在这类中又细分为社会科学，哲学，文化、教育，语言、文字，历史、地理，文学、艺术，经济，政治、法律8类，网站涵盖了中外文的网站，除了资源名称和链接外，还提供了对各种资源的介绍。

CALIS（中国高等教育文献保障系统）重点学科网络资源导航门户。该导航是CALIS的一个重要子项目，它由西安交通大学牵头承建，由北京大学图书馆、清华大学图书馆、上海交通大学图书馆、南京大学图书馆、武汉大学图书馆及厦门大学图书馆组成项目管理小组，由54家高校图书馆参与建设，是国内最早通过合作建设的较成熟的导航平台。该导航平台采用分布式数据收集、集中服务的模式，中心系统通过OAI从各参建馆收割元数据，并负责数据集中发布及管理。各参建馆对所承建学科的网络资源进行收集及元数据编目，提供OAI的数据收割，向中心系统提交数据，进行数据传输。

---

① 中国科学院文献情报中心网络资源导航[EB/OL].[2013-04-08].http://www.las.ac.cn/others/ResourceNavigation.jsp?curSubSubframeID=10094&SubFrameID=1068.

② CALIS重点学科资源导航门户[EB/OL].[2013-04-08].http://navigation.calis.edu.cn/cm/main.jsp.

③ 清华大学图书馆“推荐网络学术站点”[EB/OL].[2013-04-08].http://wr.lib.tsinghua.edu.cn/ref/category/44.

清华大学图书馆的"推荐网络学术站点"①。该导航对网络学术站点进行分类导航,平台内容丰富,分类细致。它对各类网站资源进行了分类介绍,每个网站均提供了标题、资源简介、读者评分、发布日期、资源地址五项内容,对每个导航网站制作了相应的元数据。在服务界面提供搜索和资源导航功能,导航主要按学科分类和类型分类,学科分类包括城市、数学、物理、信息科学与技术、材料、能源、环境、生物医学、经济管理、法律、文化艺术、人类学、综合站点;类型分类包括电子图书、学位论文、综合、期刊、会议文献、科技报告、专利、标准、预印本、课程资源、古籍、参考工具等,其中参考工具又细分为地图、学校信息、百科全书、语言工具。通过浏览和检索,用户可以很方便地找到相关的网络资源。

网络资源导航经过了十余年的发展,其建设方式也有一定的变化,主要有两种建设方式:一种是基于静态链接的方式,一种是基于数据库的方式。

最初网络导航以静态链接的方式建设,简单的仅以"网站名称 + URL"为内容进行网络资源导航,用户根据资源的名称判断是否为其所需要的资源,随后导航开始增加一些详细的内容描述,通常以"网页/网站名称 + 责任者 + 关键词 + 简介 + URL"等为内容提供服务,这样可以为用户提供更多的关于网络资源的描述信息,便于用户对资源的判断与选取。这种基于静态链接的方式主要是按照学科内容或者资源类型把信息加以层层分类组织,用户可按树状结构逐步找到所需的信息。此种方式只能提供按不同分类的浏览,需要用户逐级查找资源,专指性相对较差,也比较费时。后逐渐发展为数据库方式,通过制作网络资源导航的元数据库,在为用户提供资源浏览的同时,还能够提供资源的检索。这种形式与常见的网络搜索引擎关键词检索相近,不需要专业的分类知识,用户上手容易,可以满足用户的特定检索,通过与学科相关的关键词及组配形式进行查询,能够较快地找到所需信息。

4.1.2 重要环节

网络信息导航的建设涉及网络资源的获取与评价、资源的编目、资源发布与保存以及后期维护等,其中重要的环节有资源的获取、资源的评价、编目及后期维护等。

---

① 清华大学图书馆"推荐网络学术站点"[EB/OL].[2013-04-08].http://wr.lib.tsinghua.edu.cn/ref/category/44.

4.1.2.1 资源的获取

资源的获取是学科导航工作的一个重要问题。一般采用以下几种途径获取网络上的信息资源：

- 搜索引擎。各种搜索引擎是检索和发现网上信息资源的主要工具，但其检索结果往往数量庞大、鱼龙混杂、良莠不齐，无法筛选出高质量的网络信息资源，所以只作为网络信息资源发现的辅助工具，帮助我们对资源进行最初的选择。国外著名的搜索引擎有 Google、Yahoo、AltaVista、AboutFast/AllTheWeb 等，国内有 Baidu、Sogou 等。
- 专家推荐。建设学科信息门户可以和业内专家进行合作，专家长期从事本领域的科研工作，熟知领域的研究方向和发展趋势，他们对网络信息资源的评价具有相当的权威性。在资源选择过程中，资源库建设人员可以联系业内的学科专家，向他们咨询学科的发展方向，并请他们推荐一些优质的网络信息资源。专家推荐是获取领域内高质量信息的一个重要途径。
- 网络学科资源导航系统。网络学科资源导航系统通过对某个/某些学科领域的网上信息资源进行搜集和整理，形成了学科专业的资源指南。很多综合性的网络学科资源导航都包含不同学科的信息资源，可以从中搜集有价值的信息来充实自己所建设的学科信息门户，主要的综合性学科信息门户有 Intute、BUBL LINK、IPL 等。
- 开放存取资源。开放存取资源是指通过开放存取的途径获取的信息资源，即开放存取期刊、学科库、机构库和个人网站中收录的资源，是搜集学科信息的重要途径。搜集开放存取资源的主要途径有：利用 OpenDOAR（Directory of Open Access Repositories）、ROAR（Registry of Open Access Repositories）等开放存取资源注册站点，利用 DOAJ（Directory of Open Access Journals）等开放存取资源目录，利用 Elsevier SDOL 等提供开放存取资源的全文数据库等。
- 导航用户。学科信息门户可以为用户提供“资源推荐”栏目，这也是获取专业资源的有效途径之一。学科信息门户的很多用户就是其所在领域的专家，他们通过会议、资料、同行交流等方式，掌握着大量的学科信息线索，“资源推荐”栏目能够最大化地共享这些信息资源。

4.1.2.2 资源评价

资源评价是网络导航的主要工作，导航建设质量的高低与资源评价密不可分。网络资源学科导航库并非收录所有与学科相关的网络资源，它特别强调资源的选择性和质量控制，其关键是对不断增长且未经过滤的网络资源的选择和评价，只有精选高质量的资源，才能起到导航作用，否则就失去了导航的意义。关于网络资源的选取标准，国内外有不少人士都进行过这方面的研究，在对资源进行评价时主要考虑资源的学科范围，资源的受众，以及资源是否权威、可靠、稳定，同时还要兼顾资源的表现方式和获取方式。一般从资源内容和资源表现两个方面来评价网络资源的优劣，进行资源的选取。

(1)资源内容

- 信息主题：资源对象覆盖的主题或学科属于既定的导航目标学科，或是与既定主题密切相关的分支学科或交叉学科；资源适用于目标用户，能够满足目标用户的潜在信息需求和未来需要。
- 权威性：信息发布者是学术权威或有影响的学术机构，或是来源于教育、政府、行业协会等机构，或是专业性网站评价机构对其有较好的评价站点，或是在行业排名中领先的站点。
- 实用性：能对信息进行深度的揭示、能提供全文，无广告或广告所占比例小，包含对其他外部资源的信息链接等。
- 准确性：信息的文字和语言表述正确，文字符合语法、拼写和写作规律，文本内容组织清楚，有逻辑且连贯；信息客观、准确地反映事实，无明显偏见；链接的有效性较高。
- 系统性：所采集的信息必须保证在时间和空间上全面、完整地反映事物的真实面貌。从时间角度，要对某一事物在不同时期、不同阶段发展变化的信息进行跟踪搜集；从空间角度，要把与某一事物相关的分布在不同区域的信息采集齐全。
- 及时性：信息具有较强的时效性，随着事物的运动变化，过时的信息已经不能准确反映事物的属性。因此，对于信息资源的采集要保证信息的新颖性，这样信息资源的使用价值才能最大。
- 预见性：在当今信息技术迅猛发展的时代，如果仅仅考虑当前的信息需求，那么信息采集工作就会永远滞后于信息需求，处于被动位置。因此，信息采集过程不仅要立足于现实需求，同时还要有一定的超前性，制定面向未来的信息采集计划①。

---

① 陈红捷，刘西林．政府信息资源采集研究[J]．情报杂志，2006(1)：134－138.

(2)资源表现

● 页面结构:网页结构主次分明、条理清楚,便于读者找到资源,资源的分类与组织清晰,重要内容容易被发现,资源链接标志明显,标识能显著表明将链接到哪里。

● 可操作性:用户界面友好,资源易于被打开和使用;有各种有效的浏览和链接。具有检索的功能,可以从多个角度进行资源的检索;有用户帮助、站点导航、在线解答、检索指南等用户辅导信息。

● 美观性:页面整洁,色彩协调,能够吸引人的注意,给人以良好的视觉感受;文本、图片、链接、字体、标题空白空间等布置平衡,有适当的字体、颜色和有生气的图片。

● 使用便利性:页面很容易登录,登录速度较快;站内导航清晰;下载信息的速度较快;文本、图形、音频、视频等多媒体信息是否需要在特殊的软件支持下才能运行,能够提供相关软件,使读者能够方便的获取。

● 费用和注册:资源以免费为优,可适当考虑收费资源;同时要考虑是否可在线注册以及在线订购。

● 稳定性和可靠性:系统运行稳定可靠,能够持续提供正常服务,系统效率较好,下载速度较快,网站能够长期存在。

(3)其他

● 资源的选取标准主要从实际应用的角度出发,考虑到工作应用中的可操作性。

● 由于各个学科资源的差异性,资源的选取标准不是一成不变的,要根据实际情况灵活应用,对于本身资源就比较多的学科,可以多满足一些选取的条件,而对于本身资源就较少的学科,可以适当的放宽选择的标准。

● 要尽量挖掘发布信息的原始网站,直接将原始信息推向用户。

● 要对所描述的资源进行深入的考察,认真浏览、查看资源的内容,不要被作者或发布者有可能失客观的自我评价或描述误导,视频、音频资源要核实是否能够正常播放,数据库资源至少要完成一次实际的检索操作。

● 对于学术论坛、博客等类型的资源,往往能以最快的速度揭示学科的热点研究和发展态势,对于这类的动态资源可以适当的放宽选择的标准。

● 要注意不能因个人喜好而影响对资源价值的正确判断和对资源的选择,要尽可能地做到客观地评价和选择。

4.1.2.3 资源的编目

编目质量的高低是衡量数据库质量的关键。导航库不仅仅是链接一些相关的网站,还要反映出该网站的类型、内容、特点,让用户不用登录该网站就可以对网站内容有个大致的了解,因此要对信息资源进行尽可能详细的揭示。在对资源进行编目之前首先要确定导航的著录粒度。

网络资源导航的内容可以用著录粒度来衡量,粒度指资源对象应该达到的信息内容的详细程度,资源的“粒度”很难量化,一般可以把一个网站或是网站中的一个栏目作为一个著录对象,也可以把一个数据库或数据库的子库作为一个著录对象,还可以进一步挖掘信息,以一个网页、一个文件或是一本电子刊等作为一个著录对象。从用户的角度来看,资源粒度越小,信息描述得越准确,使用起来也越方便,但是一味追求最小的著录粒度是不现实的,资源“粒度”的标准选择,主要从资源的大小或规模、资源内容的质量、资源的重要性等方面综合考虑。描述某一学科信息资源时,应尽可能将具体的学科资源作为描述对象,如一个综合性资源库经常分为若干子数据库,需要把每个子数据库分开来做,著录对象应细化到具体的学科领域数据库和期刊等。若网站整体与所描述的学科关系不大,但是其网页中的某项内容与该学科有关且具有一定价值,这样的资源就应当被挖掘出来,在导航库中进行描述。以国家图书馆制作的农林导航为例,导航的粒度可以包括以下几个级别:

(1)网站

以网站整体为一个对象进行描述。若网站的整体内容都与农林业相关,就可以将网站整体作为著录对象。如中国林业信息网、国家林业局、中国农业科学院等都可以将网站作为一个著录对象。同时还要对这些网站进行分析,若其中的某个栏目或数据库或刊物比较有价值还可以进一步挖掘,再进行详细描述。

(2)栏目

以网站的某一个栏目为一个对象进行描述,可分为两种情况:一种是网站本身与农林行业的内容无关,但其中某个栏目与农林行业内容相关,就可以将该栏目作为一个对象进行描述,如中国食品展会网,网站整体与农林业并不相关,但是其中有一个栏目为农展会,收集了国内外农业行业的展会信息,对农林业工作者比较有价值,就可将该栏目作为一个对象进行描述。另一种是对网站已经进行了描述,但是其中的某些栏目很有特色或研究价值,或者需要对某些热点专题进行专题导航,那也可以单独对这些栏目再进行描述,以方便读者的使用,如对山西农业信息网进行著录后,其农业专家、实用技术、政策法规等栏目都是农林行业比较关注的问题,就可以将这些栏目作为著录对象,再进行描述。

(3)数据库

以数据库或数据库的子库为一个对象进行描述。数据库要尽量选择农林业的专业数据库,若包含若干子数据库,尽量以子库为著录单位进行著录。如,中国植物数据库包括中国珍稀濒危植物数据库、中国蜜源植物数据库、红花植物数据库、中国油脂植物数据库、中国植物分类名称与代码数据库、中国纤维植物数据库(棉花)等子库,著录时可以将子库作为著录单位,分别对每一个子库进行描述。

(4)报刊

以一种期刊或报纸为一个对象进行描述,可以分为全文型和摘要型。期刊或报纸都要选择本身有专门站点的,而不是在某个数据库中的一个刊物的页面。如《中国农业科学》,可以选择 http://211.155.251.135:81/Jwk_zgnykx/CN/volumn/current.shtml,即该刊物自身的地址,而不要选择万方或CNKI 中该刊物介绍的地址。

(5)文章

以文章为一个对象进行描述。以文章为著录对象是导航库中著录粒度最小的单元,也是读者使用起来最为方便的,但是若以全部文章来进行描述,那数量将是巨大的,目前尚不具备该条件,因此只选择少量具有极高学术价值的文章做导航。

确定好著录粒度后,需要根据不同粒度的资源预先制定编目的详细规则。考虑到网络资源的动态性,因此对网络资源的编目与图书馆对传统实体资源编目会略有不同,网络资源导航的元数据主要包括描述型元数据和管理型元数据。描述型元数据主要包括:题名、创建者、其他责任者、出版者、主题、描述、日期、类型、格式、标识符、来源、语种、关联、覆盖范围、权限、适用对象、版本等元素项。管理型元数据主要包括:记录创建者、记录审核者、记录创建日期、记录审核日期、记录发布日期、记录更新日期、记录失效日期、数据获取方式、记录点击率、数据来源信息等元素项。

另外对于导航资源的分类也是一项需要重视的问题,对网络信息的分类,可以通过多个维度进行描述,例如主题分类、资源类型分类、机构分类和服务对象分类。①主题分类:是依据信息资源的内容属性(即主题)对其进行分类的方法。②资源类型分类:是依据信息资源的外部属性(信息载体)对其进行分类的方法。③机构分类:是依据信息资源的发布单位(即发布部门或机构)对其进行分类的方法。④服务对象分类:是依据信息资源所针对的特定群体或受众对其进行分类的方法。

根据以上四个维度的分类,相应地产生以主题分类为核心,以类型分类、机构分类和服务对象分类为辅助的有机分类体系。主题分类反映了网络信息在内容方面的属性或特征,类型分类体现了网络信息在表现形式上的不同,机构分类则体现了信息所属机构的特点,服务对象分类体现了网络信息在适用对象和受众上的不同。在实际实施的过程中,这四种分类方式并不一定要同时全部采用,但至少都要采用主题分类和资源类型分类。

4.1.2.4　数据的维护

由于网络资源是动态变化的,因而网络资源的编目与图书馆其他资源的编目有着很大的差别,网络资源的编目不是一劳永逸的,学科导航数据库建成后,后期的数据更新维护也是一项不可轻视的长期工作。需要对站点进行定期访问,了解其变化情况,并及时进行修正,经常检查站点的运行情况,以确保链接真实有效。同时在导航库中加入计数器,用以统计用户访问导航库的情况,了解用户需求。根据用户要求,有意识、有目的地收集并添加实用的站点及相关资源,以便用户有针对性地使用站点资源。

4.1.3　特点

网络资源导航用于对网络资源的整合与利用,是图书馆开发网络资源,使网络资源成为图书馆虚拟馆藏的一个有效的手段。

网络导航的优点从建设者的角度来看,它易于建立,网络信息导航的建设门槛较低,易于上手,不需要专业的技术人员就可以完成,建设者可根据自身情况,酌情考虑用静态链接的方式或是数据库的方式开展网络资源导航工作。从用户的角度来看,网络资源导航便于用户发现资源,图书馆根据用户需求,将网络信息资源按内容、类型、部门等进行分析、判断、筛选、评价、编辑、整合发布后建立网络信息导航网站,将经过选择的、系统的、符合用户需求的信息提供给用户,满足他们对网络信息的需求。从而节省了用户的检索时间,并提高了用户的查全率和查准率。

网络资源导航的最大缺点就是对网络资源地址的维护,不论采用何种方式建设的网络资源导航都有这个问题。这是由于网络资源具有动态性,信息导航中的每一条记录所指向的网络资源,随时都会出现链接失效、内容改变等问题。这给用户带来极大的不便,也严重影响了信息门户的威信。由于目前还无法对网络资源进行实时跟踪,当资源的地址发生变化或者资源被删除,工作人员无法及时发现问题。因此需要工作人员定期检测 URL 的有效性,并对发生变化的 URL 及时进行维护。

正是因为对 URL 维护的成本过高,导航的建设者逐渐对一些有重要价值的网络资源进行本地化处理,即将网页资源采集到本地,或通过原文抽取的方式将导航的内容写入到数据库,或通过网页快照的方式,将网页存放在本地,在来源网页无法访问的情况下,可以随时调用保存在本地的网页信息。网络信息导航库也慢慢转化为不仅是元数据也包括对象数据,逐渐形成网络资源的专题数据库。

当然,也不是所有的网络资源都要进行本地化,在实际工作中,可以根据情况制定不同的策略,如在国家图书馆网络资源导航的建设中,对网站级和栏目级的资源并不采集到本地,仅对网页级的资源采集到本地进行保存。这主要是因为相对于网站,网页消失的速度更快。

4.1.4 实例分析

国家图书馆从 2006 年开始进行网络资源导航的工作,主要建设有三个导航项目:农林信息导航、图书馆学导航和电子报刊导航。下面以电子报刊和图书馆学两个导航为例进行分析,其中电子报刊导航是从资源类型入手建立的网络导航,图书馆学是从学科内容入手建立的导航。

4.1.4.1 电子报刊导航

随着数字化信息的发展,报纸已从传统型的纸质报纸向网络报纸过渡,网络报纸的出现悄然地改变了人们的生活及工作方式。由于网络报纸具有很强的时效性、信息容量大、双向互动性强、多媒体化的立体传播效果、便于检索存贮和复制等特点,越来越受人们的青睐。丰富的报纸资源分布在网络中不同地方,要想获取到这些资源需要具备一定的检索技巧。但是,报纸网站定位的不确定性、网址变更频繁等问题给人们的查找利用造成了一定的困扰。为此国家图书馆从 2007 年开始对网络中的免费报纸进行了整理,制作了电子报刊导航系统,该系统是一个针对互联网上报刊信息资源的开发利用而建立的门户网站,它通过组织、加工、整理互联网上的报刊信息资源,并借助互联网，向用户提供网络报刊信息导航服务，使用户能够在最经济的时间里、方便快捷的以多种途径获取到网络报纸的信息，力争成为用户查找国内电子报纸的首选“门户”。电子报刊导航界面由七个模块组成，如图22。

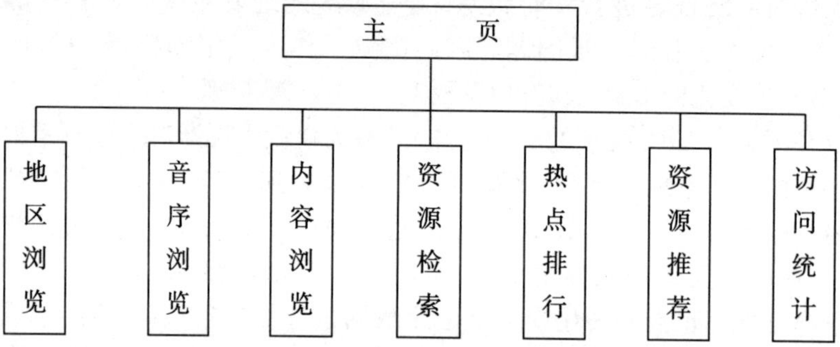

图22　电子报刊导航系统功能结构

地区浏览：地区浏览是按报纸的所属地进行浏览，首先按七大地区划分，并将每个地区的城市都列在了页面上，方便读者查找，同时配上富有各个城市特色的图片，可以根据选择城市的不同而自动变化。

音序浏览：音序浏览是按报刊第一个字的拼音的开头字母进行浏览。

内容浏览：内容浏览是按报刊内容所涉及的学科和适用的群体来进行分类浏览。

资源检索：资源检索是提供给读者的一个比较重要的功能，分为简单检索和高级检索，可以让用户从报刊名称、责任者、刊号、URL及摘要等多重角度对数据进行检索。

热点排行：可按被点击频率由高到低地给出每一个被访问的URL的访问情况，以此了解用户需求。

资源推荐：提供用户参与导航建设的途径，用户可以通过资源推荐提交他们发现的网站，通过审核后就可以进行发布。

访问统计：是用来统计导航被用户访问的数量，以反映用户对该系统的关注程度。

另外还充分考虑了不同用户的使用习惯，内容可以以名称、图标和详细三种方式来显示，从而满足不同读者的个性化需求。图23为详细显示方式。

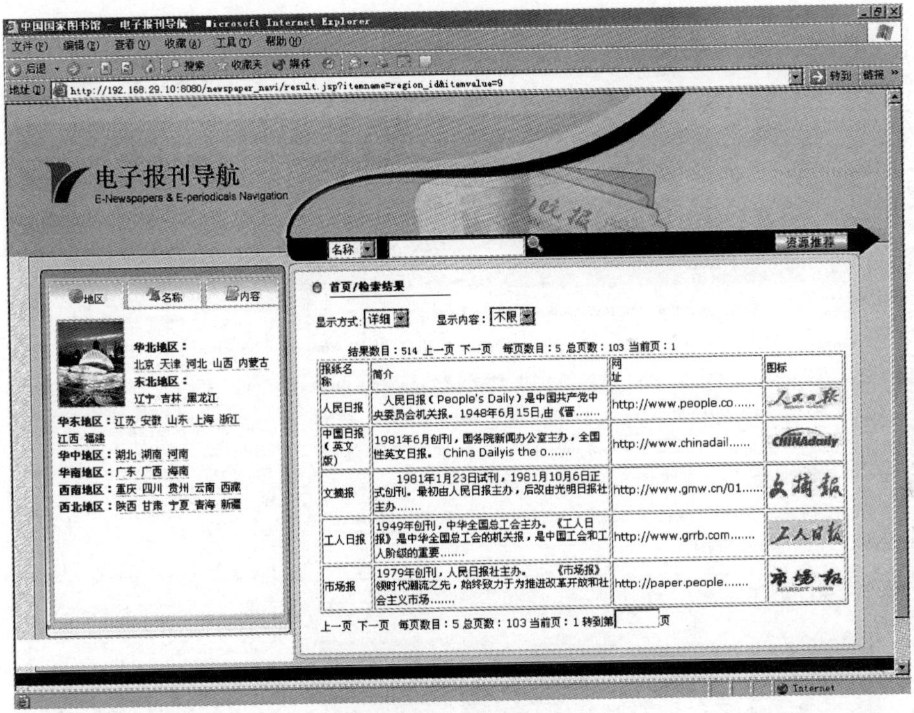

图23 国家图书馆电子报刊导航

4.1.4.2 图书馆学信息门户

为满足图书馆界人士对网络上专业信息资源和服务的搜索需求，国家图书馆自2008年开始了图书馆学信息门户的建设。图书馆学信息门户根据权威性、可靠性、稳定性等原则，精选出互联网上与图书馆学相关的网站、数据库、网页等免费资源，建设了一个集中服务的网络资源导航数据库，向图书馆界用户提供了一个快速访问网络上有价值的图书馆学信息资源的便捷通道。

采集范围包括资源导航、辞典与百科全书、文摘与索引、统计资料、其他参考资料、数据库、电子期刊、研究报告、政府出版物、教学资料、图像资料、音频资料、视频资料、协会/学会、大学院系、研究机构/中心、其他组织机构、专家学者、邮件列表、论坛/讨论组、新闻组、搜索引擎、会议、研究项目、学术动态、网站、服务、软件、杂类等。

图 24　国家图书馆图书馆学信息门户

“图书馆学信息门户”主要有“图情资源”和“图书馆学新闻”两大模块，前者内容包括与图书馆学研究相关的学术论文（包括网页及未正式发表的论文）、博客、博文、标准、规范、政策法规、学术报告、讲义等资源；后者包括与图书馆学研究相关的新闻、会议信息等资讯内容。图情资源部分将所有资源进行了更详细的划分，具体见表6。

表6　图书馆学信息门户的内容分类

按内容分	主题	图情事业、基础理论、资源建设、图书馆服务、图书馆自动化、数字图书馆、图书馆管理、图书馆建筑、图书馆设备、其他
按内容分	类型	网络资源、百科、导航、科研项目、会议、期刊、论文、论坛、博文、社区、研究报告、讨论组、软件、标准、产品、博客、学术报告、电子出版物、演示文稿、演讲稿、幻灯片、工作组、白皮书、其他
按机构分	图情机构	档案局、研究所、联盟、信息情报机构、学会、信息管理院系、信息企业、档案馆、出版社
按机构分	图书馆	其他图书馆、科研图书馆、院校图书馆、公共图书馆、各国图书馆、少儿图书馆、小学图书馆、中学图书馆、高校图书馆、党校图书馆、其他
按学科分	人文与社会	社会科学总论、军事、政治/法律、经济/管理、历史/地理、文化/科学/教育/体育、语言/文学/艺术
按学科分	工程与技术	材料科学/其他工业技术、动力/机械/能源、计算机/自动化、环境科学/安全科学、水利工程/建筑学、航空航天/交通运输
按学科分	农业与医药	农业科学、医学
按学科分	自然科学	天文学/地球科学、生物学、数学/物理/化学

该门户的元数据著录方案参考了DC的15个核心元数据，并根据需求进行了扩展，具体如表7所示。

表7　图书馆学信息门户的元数据方案

资源内容信息	题名(Title)、主题(Subject)、资源类型(Type)、交替名称、其他名称、描述(Description)、资源图片、文件格式(Format)、文件大小、技术细节、URL来源(Source)、语种(Language)
责任者信息	创建者(Creator)、责任方式、创建者地址、创建者介绍、其他责任者(Contributor)、其他责任方式、责任者介绍

续表

出版信息	出版者(Publisher)、出版地覆盖范围(Coverage)、出版者介绍、日期(Date,包括出版日期、创建日期、发布日期、采集日期)
资源描述信息	标识符(Identifier)、文献引用(Relation)、标准号、版权所有者、使用权限(Rights)、资源评价、标签(Tag)、摘要/描述

“图书馆学信息门户”从初建至今,历经几次改版,资源日益丰富、功能逐步完善,界面也变得更加简洁、美观和实用。“图书馆学信息门户”网站的界面设计充分考虑了用户和信息门户建设者的各方面需求。从用户角度来看,对信息门户系统的需求包括:浏览资源、检索资源、点击标签查看相应资源、推荐资源、选择或者自行构建标签对资源进行标引、评价已有资源、注册为用户、收藏自己感兴趣的资源等。从信息门户建设者的角度来看,对信息门户系统的需求不仅包括普通用户的需求,还包括对资源进行管理、根据用户反馈对系统内资源进行整合、对用户访问学科导航系统的行为特征进行统计分析、管理普通用户、管理标签、调整标签的权重等功能。

“图书馆学信息门户”网站将界面划分为:快速检索、标签云、特色资源导航、开放存取网站导航、图情机构导航、最新资讯和分类导航七大块。提供标签云、学科分类、类型分类三种浏览方式,分别从知识点、知识体系、文献类型三方面为用户提供导航服务;并以分面导航、可视化超图等方式展示资源的关联类聚。

“快速检索”部分可以选择“站内资源搜索”“站内新闻搜索”或“Web 搜索”三种方式进行检索;可以进行简单的信息检索,也可以根据语种、学科、类型、提名、创建者、出版者、摘要、URL 等关键字进行高级检索。

标签云是图书馆信息门户重点突出的内容,标签一词是美国人约舒亚·沙科特于 1998 年首次使用的,目前广泛应用于新闻分类、论坛专题划分、书签类网站、文件管理、网络音乐资源导航等各个领域。标签云是用户标注形成的一个简洁的标签聚合工具,它按照字母顺序和权重(重要性)组织所有标签,用字体大小或颜色显示各个标签的价值,使之成为一个广受用户欢迎的查询窗口。大多数标签本身就是超级链接,直接指向与标签相连的一系列条目。用户自由标注标签会导致标签的无政府化,因此为了更有效地引导用户尽快找到所需资源,“图书馆学信息门户”所使用标签云中的标签均由门户的创建者添加。标签云中标签字体越大,该标签相关的资源条目数就越多。

“特色资源”部分链接了国内外国家图书馆、图情机构、省市图书馆、高校图书馆等单位自建的特色资源数据库。所有资源又按照学科分为人文与社会科学、工程与技术科学、农业科学与医疗科学、自然科学四大类，各大类中又分为更详细的小类进行资源导航。

“开放存取网站导航”部分链接了101个国内外开放存取网站，分为中文版和英文版两个版面，用中英文两种语言分别详细介绍了这101个开放存取网站的名称、关键词、语种、资源格式、URL、资源简介等信息。该模块还以学科名称为标签设置了标签云，使读者更容易找到所需资源的链接。

“图情机构”部分链接了2000多个国内外图书馆情报相关的机构和单位的官方网站，包括1360个图书馆、170个出版社、391个档案馆、57个信息企业、107个信息管理院系、1个学会、27个信息情报机构、67个联盟、13个研究所、15个档案局，以及10个其他图情机构的网站。

“最新资讯”部分链接了国内外最新发生的、图情界人士比较关心的、与图书馆情报事业有关的、比较重要的新闻、资讯、会议通知、学术文章、新技术探讨、评论等信息的网页。“最新资讯”部分提供的信息，可以使图书馆界的学者和研究人员能及时了解到图情界最近发生了什么、当前的研究热点是什么、相关会议什么时候召开等最新信息。

“分类导航”部分将所有资源链接分别按照“学科分类”和“类型分类”两种方式进行导航。其中，“学科分类”又详细划分为图情事业、基础理论、资源建设、图书馆服务、数字图书馆、图书馆自动化、图书馆管理、图书馆建筑、图书馆设备、其他等10个子类。“类型分类”也详细划分为网络资源、百科、导航、科研项目、会议、期刊、论文、博文、论坛、社区、讨论组、研究报告、软件、产品、标准、电子出版物、学术报告、博客、幻灯片、演讲稿、演示文稿、工作组、白皮书、其他等24个子类。

哲学家柏拉图早在2400年前就提出了可视化理论①，认为人类是通过感觉（尤其是视觉）由表象到本质认识事物和真实世界的。信息可视化是指使用由计算机支持的、交互的、用视觉方式表达抽象数据以使人们认识放大加

① 孙逊．档案可视化信息检索之路径[J]．湖北档案，2008(11)：14－16.

深的过程①。信息可视化将信息转化为一种形象直观的视觉形式，科学地揭示了信息点之间的直接和间接关系，充分利用人们对可视模式快速识别的自然能力来浏览、判别和理解信息，使信息呈现更具灵活性，有助于用户发掘信息资源的最大价值。国家图书馆的图书馆学信息门户网站就引用了可视化超图技术，从而实现了信息的可视化检索与浏览，如图 25 所示。

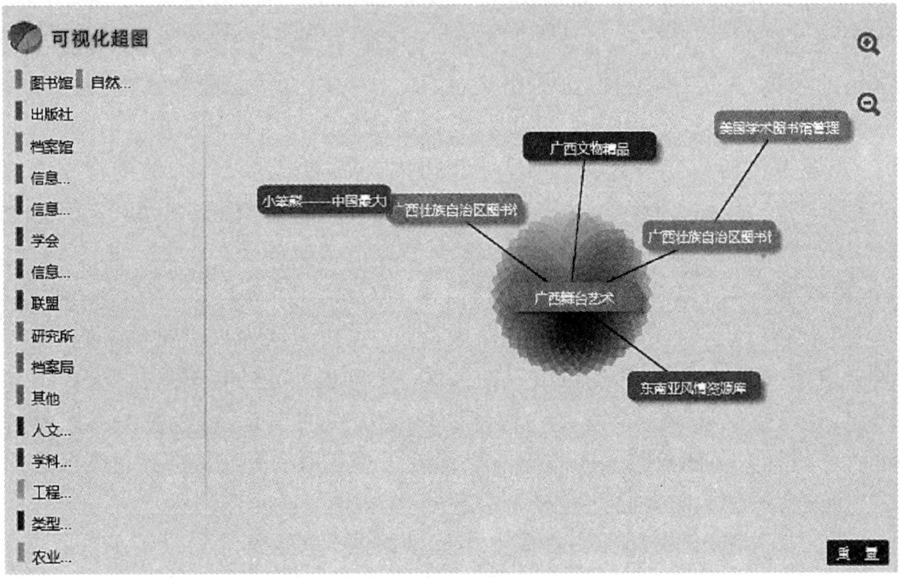

图 25　可视化展示效果

此外，为了增加用户的参与度，“图书馆学信息门户”网站还设置了“RSS”“资源推荐”“在线反馈”“收藏我们”等交互功能。

4.2　专题资源库

4.2.1　概述

专题资源库是指针对用户的信息需求，收集某一学科或某一专题的信

---

① Stuart Card, et al. Readings in Information Visualization: Using Vision to Think[M]. Berlin: Morgan Kaufmann Publishers, 1999:431 – 440.

息，并按照一定标准和规范进行组织，以满足用户个性化需求的数据库。对于图书馆来说，构建专题资源库有着重要的作用。

首先，可以加强对馆藏信息资源的有效组织与管理。专题数据库的建设可以使分散零乱的馆藏文献资源得以系统化、有序化整理和深层次加工，将传统文献资源转变为数字化资源，并通过互联网络、手机等多种方式进行传播使用，使传统文献在网络环境下重新体现其知识价值。

其次，可以对网络资源进行一定程度的优化和保存。互联网的出现和迅速发展，给用户查找资料带来了极大的方便，同时由于互联网上的数字化信息资源通常具有分散性强、变动性大、信息质量良莠不齐的特点，为用户选择、利用信息资源带来了不便。图书馆通过建设专题数据库，可以使网络上有关该专题的资源相对集中，同时通过专业人员对专题网络资源进行有效的组织、整序、筛选重组及保存后，达到了优化网络资源的目的，方便了用户查找资料，节省了用户的时间，同时对于易逝的网络资源也起到了保存保护的作用，最大限度地满足了用户的信息需求。

另外，有利于图书馆开展特色信息服务。随着数字图书馆的快速发展，图书馆都在加强数字资源的建设，数字资源主要包括商购资源和自建资源，过多的采购商业数据库导致不同图书馆数字资源的趋同性比较强，无法体现图书馆存在的价值。而专题资源库的建设，正是图书馆突出本馆特色，开展特色信息服务的基础，是图书馆发展自身品牌，提高社会价值的重要手段。

因此，国内各省级图书馆都在大力开展专题数据库的建设。如首都图书馆制作了首图动漫在线、北京记忆、VOD 视频点播、首图讲坛资源库、古籍插图等专题库；天津图书馆制作了津门曲艺、名人故居、天津民俗、京剧音配像、非物质文化遗产、天津抗战纪事、津门群星、环渤海经济区等一系列专题库；上海图书馆制作了上图展览、上图视频、上海年华等专题库；南京图书馆制作了红色记忆、百年商标、中国近代文献图像数据库、中华民族风情数据库、奥运图像数据库、中国古代体育图片库等；浙江图书馆制作了家谱全文数据库、风景浙江、名山古寺、浙江藏书史、中国历代人物印鉴数据库、中国寺庙祠观造像数据库、外国名人图像数据库、中国历代人物图像数据库等专题库；湖北省图书馆制作了楚风楚俗、湖北名人、湖北戏剧志、湖北茶文化、湖北旅游、古今建筑等专题数据库；湖南图书馆制作了湖湘人物、馆藏字画、湖南家谱、湖南风情、潇湘画廊、音乐欣赏等一系列专题库；广东省立中山图书馆制作了中图展览图片库、馆藏缩微文献目录检索、广东名人志、海外中文专题数据库、晚清期刊全文数据库等专题库。

4.2.2 重要环节

从专题资源库建设的角度来看，专题资源库的建设主要包括元数据标准的建立、对象数据加工处理和系统平台建设三大重要部分。

4.2.2.1 元数据标准的建立

元数据是图书馆对资源进行整合与揭示的主要工具，通过元数据可以实现对资源的描述、评估、发现、定位与选择等。专题资源库建设的第一重要环节就是元数据标准的建设，元数据标准的建设首先要遵循已有的国际、国家或行业标准，在这些标准的框架下，结合所建专题库的特点，并根据描述对象不同而制定不同的元数据标准。这样才能使所建标准既能满足特定需求，又能便于日后和其他单位的数据交换。

目前，专题资源库建设所遵循的元数据主要以 MARC 和 DC 为主，在这两个标准的基础上，国家图书馆、科技部、CALIS 等系统也都推出了专门的元数据标准，如科技部在“我国数字图书馆标准与规范建设”项目中，推出了网络资源、电子图书等一系列数十种资源的标准规范。国家数字图书馆工程遵循 DC 标准规范，在参考科技部《数字图书馆标准与规范建设》、CALIS《中国高等教育数字图书馆技术标准与规范》等标准规范，推出了不同资源的元数据标准规范，主要有古文献专门元数据规范，包括拓片、舆图、甲骨、古籍、家谱；电子书刊专门元数据规范，包括电子图书、电子连续性资源、学位论文、期刊论文；网络及多媒体资源专门元数据规范，包括网络资源、音频、视频、图像，并以这些标准规范为蓝本，申请了文化部的行业标准。

这些标准规范的制定，为图书馆专题资源库的建设打下良好的基础。在专题资源库的建设中，可以优先考虑选用这些元数据标准，但这些元数据标准，都是通用性的标准，对具体应用来说还需要在这些标准上进行进一步的细化，以适应各自专题资源建设的实际需求。

(1)元数据标准制定的流程

元数据标准制定要从元数据应用环境分析、元数据标准的选择与制定、应用纲要的设计、系统实现，一直到在数字环境中应用元数据的整个流程来考虑。

1)分析元数据应用环境。元数据应用环境分析主要包括：分析应用领域资源对象的特点和利用方式，明确所要描述的资源对象，分析对象之间和组成对象的实体之间的关系；分析元数据使用者，以确定服务功能需求，为选择元数据标准以及建立元数据应用框架与规范做准备。

2）选择与制定元数据标准。元数据标准包括数据结构标准（如Dublin Core）、数据内容标准（如AACR2）、数据取值标准（如受控词表）、数据交换标准（如XML）。元数据标准的选择与制定应遵循元数据应用原则。

3）设计元数据应用纲要。在元数据核心集的基础上，根据具体应用的需要，规定元数据应用的框架和结构（包括内容结构、句法结构、语义结构）、元数据核心元素集元素及命名域、扩展规则、著录规则（必备性、可重复性、元素的取值规则、最佳实践、与其他元数据的映射等）、本地应用规则以及所有元素的编码规则。

4）系统实现。包括系统需求设计、检索需求功能实现、扩展性考虑等。

5）元数据的应用。元数据应能实现支持检索、浏览、结果显示和传递等功能，实现元数据共享与交换。根据其应用结果，考虑元数据的再利用问题以及元数据应用目标的重新修订等问题，以达到元数据应用的最大化。

（2）元数据标准遵循的原则

在元数据建立及应用时需要遵循以下原则。

1）用户需求原则。元数据的用户包括最终用户、设计开发人员、领域专家、资源拥有者与管理者等。对于任何具体应用来说，满足用户对于元数据方案的需求是第一位的，也是最基本的原则。对于基本元数据规范的设计，应首先把握用户的需求，如果难以直接满足用户的需求，可通过对应用规范的扩展或限定来实现。

2）模块化原则。元数据应包括描述信息、技术信息、管理信息，支持对资源的查找、对数字对象的长期保存及可能的仿真或迁移处理、对数字对象的有效管理等功能，并能够通过一定的开放结构组织在一起，以适应元数据交换、复用和动态定制等方面的要求。

3）互操作性原则。互操作性原则是元数据方案设计和实现中需要遵循的最重要的原则之一。主要体现在：①建立适用的、开放的元数据体系框架模型，在结构、格式、内容编码体系等方面进行规范定义，尽可能复用或嵌套标准的或业界通用的元数据格式，从而保障内容描述方式的标准化和描述内容的可交换。②采用XML标记语言和“资源描述框架”（Resource Description Framework，RDF）进行开放性描述和标准化封装，并在其中通过“命名域”的方式注明元数据来源，使元数据格式在经过这样的描述和封装之后，可以方便地被其他系统兼容。③一个元素应具有最细粒度的含义,不得有歧义,以尽可能减少向其他元数据方案映射或转换过程中的语义损失。

4)可扩展性原则。可扩展性是指元数据方案对于未来的适应性。元数据体系应实行开放扩展机制,允许在核心集基础上以规范方式进行扩展。

5)开放性原则。开放性是指以开放的原则、方法、技术等机制来保障元数据的有效性、扩展性及互操作能力。可通过建立命名域机制、采用开放的描述方法、采用通用的置标语言等途径来保证元数据的开放性。

(3)元数据应用体系模型

元数据标准制定的同时,要建立元数据应用体系模型,通过对元数据结构、扩展规则、著录规则等进行规定,以保持元数据规范在数据结构、格式、语义等方面的一致性和整体性,为信息的有效组织、元数据之间的互操作、元数据的广泛应用和共享奠定基础。元数据应用体系模型主要部分为元数据应用纲要和元数据基本结构。

1)元数据应用纲要

元数据应用纲要是为了领域应用而制订的元数据方案的一种表达形式。主要包括:资源分析与功能需求、元素集描述、扩展规则与著录规则、编码方案。

①资源分析与功能需求:定义应用纲要所描述的资源类型、特点、关系以及属性集等;定义应用纲要所需要支持完成的功能需求。应用需求的定义可以参照相关通用的领域模型(如 E-R 模型)。

②元素集描述:包括所描述资源的定义;术语描述的规范或约定;术语集合,其中包括引用及扩展的术语,术语与术语之间的结构描述,以及术语的取值约定[相应的编码体系(encoding scheme)说明]等;其他说明。

③扩展规则与著录规则:定义元数据在应用时需要遵守的主要应用规则。

④编码方案:用来描述这些元数据应用纲要应用时的编码要求与相关的特定句法。根据应用需要可以采取不同的编码形式,推荐采用描述能力较强的 XML/RDF 形式。

2)元数据基本结构

一般来说,元数据规范对其术语(包括元素和修饰词)的定义主要参考 DCMI 及 ISO/IEC 11179 标准,对术语按以下 15 个方面进行定义,如表 8。基于可扩展性及开放性原则的考虑,元素及修饰词定义应该尽量宽泛。

表8 元数据术语定义属性表

序号	属性名	属性定义	约束
1	标识符(Identifier)	术语的唯一标识符,以URI的形式给出	必备
2	名称(Name)	赋予术语的机器可读的唯一标记	必备
3	出处(Defined By)	一般给出定义术语(特别是给出术语"名称"与"统一资源标识符")的来源名称及来源的URI,如无来源名称与URI,也可以使用定义术语或维护术语的机构名称,或者使用书目引文,指向定义该术语的文献	必备
4	标签(Label)	人类可读的标签,可本地化;为更好的体现此术语在元数据规范中的语义,在具体应用中的名称可以和原始名称不相同	必备
5	定义(Definition)	对术语在元数据规范中的概念与内涵的说明,可以是原始定义的具体化,但语义上与原始定义不允许有冲突,不允许扩大原始的语义	必备
6	注释(Comments)	术语在本元数据规范中需要说明的内容,比如特殊用法等	可选
7	术语类型(Type of Term)	其值为:元素、元素修饰词和编码体系修饰词	必备
8	限定(Refines)	在定义元素修饰词时,在此明确指出该术语修饰的元素;一般给出所修饰元素的名称,推荐同时给出URI	有则必备
9	元素修饰词(Refined By)	在定义元素时,在此项中给出限定此元素的元素修饰词;一般给出元素修饰词的名称,推荐同时给出URI	有则必备
10	编码体系应用于(Encoding Scheme For)	在定义编码体系修饰词时,在此给出该术语修饰的元素;一般给出所修饰元素的名称,推荐同时给出URI	有则必备

续表

序号	属性名	属性定义	约束
11	编码体系修饰词（Encoding Scheme）	在定义元素时，如果元素有编码体系修饰词；在此给出编码体系修饰词；一般给出术语的名称，推荐同时给出 URI	有则必备
12	数据类型（Datatype）	术语允许取值的数据类型	可选
13	版本（Version）	产生该术语的元数据规范版本	可选
14	语言（Language）	用来说明术语的语言	可选
15	频次范围（Occurrence）	术语使用的频次范围，采用区间的表示方法：[min,max]，同时包括了对必备性和最大使用频次的定义：min = 0 表示可选，min = 1 表示必须，max = 10 表示最大使用频率为 10 次，max = ∞ 表示最大使用频次没有限制	可选

3）扩展规则

元数据的扩展分为横向与纵向的扩展：横向扩展是指增加新的元素，即在核心集元素及修饰词不能满足描述信息资源某个特性的时候，定义新的元素；纵向扩展是指对于已有元素的修饰或限定，采用修饰词扩展，包括元素修饰词和编码体系修饰词。扩展原则主要如下：

①扩展应遵循 1:1原则，即一条元数据描述中的每个属性必须是所描述资源的一个特性，一条元数据描述且仅描述一个资源。

②扩展应保证扩展的术语与已有的术语之间无语义重复或冲突。

③纵向扩展的优先级高于横向扩展，即能通过扩展修饰词的方式来描述资源的属性时，不推荐采用扩展元素的方法。

④横向扩展应遵守本应用规范的元素结构组成，新增元素尽可能复用本领域相关元数据标准规范定义的元素。

⑤纵向扩展应尽可能使用 DC 元数据术语集中的修饰词，也可以采用 DCMI 的各个应用方案中的修饰词，例如 DC 教育应用纲要（DC-Education）或者 DC 图书馆应用纲要（DC-Lib），也可以直接复用来自其他元数据标准的元素或修饰词，但必须说明来源，使用时严格遵守其语义。

⑥纵向扩展应尽可能遵循向上兼容原则（dumb-down），即自行制订或者复用的修饰词的语义不能超出被修饰元素的语义，修饰词只是对未修饰元素

的含义范围做了进一步的限定，修饰词的语义包含于相应的未限定元素中。纵向扩展是在范围上对未限定元素的语义进行限定，在深度上对未限定元素的语义进行细化。

4）著录规则

著录规则是根据一定的目的和使用对象，依据元数据规范（有时是应用纲要）中给出的术语，对资源的形式特征和内容特征进行描述与揭示时具体的操作规则，是元数据在应用时需要遵守的主要应用规则。著录规则规定了元素的内容和属性的具体设置、取值和特征，应包含如下内容：

①著录总则：包括对著录对象的界定、著录单位的定义、著录对象之间的关系分析，以及著录规则的适用范围、著录用文字和符号、著录规则的体例说明、著录项目列表等。

②各元素/修饰词的著录细则：逐个列出元素和修饰词的著录规则及著录实例。对元素及其修饰词的用法在元素的著录说明中要一并规定。

③完整的著录实例。

④相关规范：著录时应遵守的编码体系或规范文档。规范文档包括名称规范、时间规范、主题词表和分类法、非通用的规范表、自定义的规范。

另外，著录规则中还应说明本地的应用规则，如：特定专题资源库中需要的元素及修饰词，这些元素及修饰词只在特定的数据库中使用；对元数据著录规则中某些元素及修饰词的必备及可重复性的规定，以及为优化用户体验而需说明的数据显示和检索的特殊内容，以利于检索和发布系统的开发和服务。

4.2.2.2 对象数据的加工处理

专题资源库的建设一般都会包括对象数据的建设，这也是专题数据库所特有的，与导航及其他书目数据库的区别所在。从资源整合的角度看，也正是因为含有对象数据，可以对对象数据进行分析，从而实现基于内容的整合，这比仅通过元数据的整合更具有优势。在对象数据方面最重要的两部分是对象数据的加工和对象数据内容的深度挖掘。

（1）对象数据的加工

专题资源库的建设，不仅元数据要遵循统一标准，对象数据的加工处理同样要遵守统一的标准规范。从对象数据的来源方式上看，自建资源可以通过数字化加工或网络采集方式获取。其中数字化加工的对象数据主要指经扫描、拍照、录像、录音等方式所获取到的对象数据，既包括原生的数字资源，也包括再生的数字资源。

对于需要经过数字化加工的对象数据，在加工时要考虑到对象数据的不同应用需求，主要包括使用目的和使用环境。

数字对象的使用目的主要有存档和服务两种，因而数字化加工有对应的以存档为目的的长期保存级别数据，及以获取使用为目的的发布服务级别的数据。长期保存级别在数字化时一般采用较高的分辨率，且尽可能地保持其技术参数值，不对其进行任何形式的修改。发布服务级别通常分辨率较低、体积小，为用户提供网络的快速下载浏览等服务。

数字对象的使用环境包括服务终端和终端所用的系统，数字资源可以通过互联网、手机、平板电脑、触摸屏、数字电视等多种终端来为用户提供服务，不同的终端会对对象数据有不同的要求，即使相同的终端也有多种尺寸大小及多种系统，这就需要对象数据可以适应不同的环境，也就是说在进行数字化加工时，要考虑同种资源的多终端发布问题，如在加工中制作不同格式的对象数据等。

对于数字化加工，目前有一系列的标准规范可以参考，如国家数字图书馆工程已经推出的《国家图书馆数字资源对象管理规范》《国家图书馆文本数据加工标准和操作指南》《国家图书馆图像数据加工标准和操作指南》《国家图书馆音频数据加工标准和操作指南》《国家图书馆视频数据加工标准和操作指南》等，对各类型资源的数字化加工提供了明确的参考依据。

但对于网络采集的对象资源，目前还没有比较通用的标准，一般在进行专题资源库建设时，需根据实际应用需求，对资源保存的文件格式、尺寸、数量等进行规定，如：网页资源的内容是否需要保存快照，快照是图片格式还是文件格式，图片格式的分辨率须是多少，等等。

(2)对象数据的深度挖掘

对象数据的深度挖掘指对对象数据内容的提取，对内容的提取是自建资源库提供知识服务的基础。

以文本对象为例，对象数据的深度挖掘包括围绕自建资源文本规范标准，采用自动分析技术对文本进行分析与标注，包括对文字的标注、对符号的标注、对版式的标注、对语义的标注等。其中比较重要的是对命名实体的识别，命名实体是指现实世界中具体的或抽象的实体，如人、地点、组织等。通常用唯一的标志符（即专有名词）表示，如人名、地名、组织名等。广义上讲，命名实体还可以包含时间、数量表达式等。

自动分析常用的技术包括：中文分词技术和文本抽取技术。

中文分词技术是将连续的中文字序列按照一定的规范重新组合成词序列的过程。尽管已有多年的研究和实践,国内建设了多个分词系统,但是由于汉语的复杂性,汉语分词技术仍是中文信息处理的一个技术难点。因此,较为合理的中文分词方法应是建设基础的分词词典,通过大量实验数据积累语料库,同时用已建的元数据对分词词典进行检验,不断改善。

文本抽取技术是指对于抽取出来的信息,应按照一定的算法计算权重、过滤错误或冗余信息,通过多种方法的结合使提取出的信息具有专指性、准确性、客观性、完整性。文本内容抽取的主要任务从自然语言文本中抽取指定类型的实体、关系、事件等事实信息,并形成结构化数据输出。从上世纪80年代开始,在MUC(Message Understarding Conference,消息理解会议)、ACE(Automatic Content Extraction,自动内容抽取)、TAC(Text Analysis Conference,文本分析会议)等评测会议的大力推动下,文本内容抽取技术的研究得到蓬勃发展。传统内容抽取评测任务是面向限定领域文本的、限定类别实体、关系和事件的抽取。近年来,为了适应互联网实际应用的需求,学术界开始关注开放领域内容抽取技术,其特点在于:①文本领域开放:处理的文本是不限定领域的网络文本;②内容单元类型开放:所抽取的内容单元不限定类型,而是自动地从网络中挖掘内容单元的类型,例如实体类型、事件类型和关系类型等。

目前,通过信息抽取技术,在文本深度挖掘方面主要可以实现通过制定针对中文命名实体的抽取规则,从文本中抽取人名、地名、时间、数量、职衔、组织、机构、公司、国家、城市等,同时也可抽取这些实体间的各种关系,以及根据语义网技术,从文本中抽取所关心的命题及其关系等。通过这些关键信息的抽取或标注,为实现知识的自动聚合创建基础。

另外,图像、音频、视频等其他类型的资源同样需要对对象数据进行深度挖掘,如对图片重点内容进行标注,提取图片主要信息,对音视频资源的语音内容、字幕信息等进行抓取,以实现全文检索及信息聚合。

4.2.2.3 系统平台的建设

专题资源库的建设需要在专门的系统平台中进行,系统平台主要实现的功能是对数字资源的有效组织与管理,即从其他系统或外部环境下产生的元数据和对象数据,通过一定的方式进入到系统平台,经过系统处理、集成、管理后,形成规范的、有序的资源库。

系统平台的核心功能是数字资源的建设,主要包括如下功能:

- 库结构设计。主要指定义专题库的元数据结构及相关应用规则。
- 元数据制作。可以为图书馆各种自建资源建立多种类型元数据（描述型元数据、管理型元数据、结构型元数据等）的加工处理，能够实现自动或半自动生成元数据内容；可以支持现有知识组织工具（如中国分类主题词表）的使用等，通过对资源深度加工，满足资源库的建设与管理。
- 对象数据管理。主要指对系统外或者本地文本、图像、音频、视频、网站网页等数字对象或复合数字对象的调用，支持国内外主要的文件格式。
- 关联关系的建立。主要指建立各种类型元数据的关联、元数据与对象数据之间的关联、元数据与相关数字资源之间及其他需要建立各种关系的数据之间的连接关系的建立，如：专题库中如涉及相关人物，可以连接到人物库；涉及音频、视频、作品等，可以连接到相关的音频库、视频库、作品库等。

目前，能满足专题资源库建设的平台有很多，在称谓上有所不同，如内容管理系统、资源建设系统、数字资源加工平台等，在功能上大同小异，有的是公司开发的产品，也有的是开源软件。通过对省级公共图书馆的调查，我们发现用得比较多的产品是 TPI、WCM、CDICM，另外也有部分图书馆自己开发了专门的系统平台。

（1）TPI①

TPI 是清华同方开发的数据库建设与管理系统，该系统是专业的文档管理系统，提供全文检索、电子书制作、文档统一转换、元数据标引、文档分类管理、内容动态发布等功能，实现对文本、图像、音频、视频等各种类型资源的管理，可广泛应用于数字图书馆特色库建设、数字档案馆建设和各种类型的文档管理系统。主要包括如下功能模块：

电子图书制作工具：该工具用于图书、报刊、论文、公文、档案等各类纸质文档的数字化，通过书页扫描、图像处理、OCR 识别、目录编改、书页压缩打包等步骤，快速生成优质电子“文档”。也可以把已有的各种电子文件，如 WORD、PDF、HTML、PS、S2、S72、PS2、PSD、TXT、PPT，转换成统一的 CAJ 或 PDF 格式。

通用文档转换工具：该工具能将用户现有的各种电子文档转换成统一格式的文件，目前支持的格式有 WORD、PDF、HTML、WPS、PDG、PS、S2、S72、

① TPI 信息资源建设与管理系统［EB/OL］．［2013－12－02］．http://tpi.cnki.net/cpzx/qysshxxzygl/Document/225/225.html.

PS2、PSD、TXT、PPT 等。

分类标引工具：分类标引工具可以对数字对象进行分类、标引和检查，把各种类型的数字对象加工成可供浏览和检索的数据库。采用可视化界面，可直接从原文中提取数据，操作直观简单，支持 WORD、TXT、PDF、HTML、CAJ 等格式文件的直接标引；提供 DC 元数据著录工具，支持数字图书馆相关系列标准；支持 MARC 与 DC 及其他元数据之间的映射与转换；支持中图法分类、自定义分类以及对分类工作的管理；分类操作简便，用户只需要拖动鼠标即可完成；可实现分布式并行加工。

内容管理与发布系统：系统可将用户创建的数字资源自动发布在网上，供检索、浏览及下载。支持内容的自动发布和动态实时发布，无需编程，自动生成数字图书馆资源门户；提供 CNKI、Google、OCLC 等多种发布风格；提供多种内容发布模板(期刊、论文、图片、音频、视频、电子书、网络导航等)，支持用户自定义的内容发布模板；支持多导航和多个数据库的无缝链接；提供单库检索、跨库检索和分布式检索功能，同时提供二次检索、高级检索、关联检索、同义词检索、反义词检索等检索方式，提供按照更新日期和相关度等方式排序功能；具有用户管理、项目管理、Web 发布管理、日志分析等完整配套的管理工具。

光盘出版工具：光盘出版是内容的另一种发布方式，用于资源的光盘发布、检索、浏览和全文下载，只要在客户端进行简单的光盘安装，就可以对数字化资源进行专项检索、组合检索、跨库检索和原文浏览等操作，方便资源的传播。

文档提交系统：文档提交系统用于文档的分布式提交、统一验证、审核和存储，并自动发布成数据库，通过网络对外提供浏览、检索、下载等服务。可广泛应用于学位论文、办公文档等资料的采集、管理、发布与传播。

部分省级图书馆选用了 TPI 作为专题库的建设平台，如辽宁省图书馆建设的馆藏家谱数据库，该数据库从 2007 年年初开始建设，经过调查、整理和研究开发等一系列工作，历时两年完成。辽宁省图书馆藏家谱资源数据库 2007—2008 年累计采集家谱图片共计 26.3 万多页、打包电子版家谱图书 1600 多册，分类整理了家谱姓氏条目 214 条，采用清华同方 TPI 数据库加工发布系统最终实现网上多途径检索，并可通过电子书方式全文浏览馆藏家谱。

辽宁省图书馆还采用了清华同方 TPI 数据库加工发布系统，利用这个系统的电子书加工、元数据加工、内容加工与发布系统，实现了家谱库可对姓氏、地区、单册电子图书形式进行检索、浏览全文的功能，而且与馆藏其他电子数据库统一在了一个平台上，方便了数据库的管理。同时采用了清华同方

TPI 系统的电子书加工系统，将零散的家谱电子图片按照原始资料的册次整合成一册一册的电子书，并将打包的电子书与元数据进行链接，只要在发布界面通过点击书名即可进入电子书，使用电子书浏览软件进行浏览。

为了便于数据的管理和读者的使用，辽宁省图书馆将所采集的家谱数据进行了分类。按照姓氏第一个字的开头字母为分类标准进行分类，体现在发布界面是给读者提供了一个导航栏，下设以姓氏为分类的二级类目。该数据库为局域网访问，访问地址为：http://10.34.56.40/TPI/SYSASP/share/login.asp?sysid=117。另外，如青海省图书馆、吉林省图书馆也是采用 TPI 为资源建设的系统平台。

(2) WCM

WCM 是 TRS 公司开发的内容协作平台，涵盖网站建立、内容服务、内容传递等内容价值链的各个方面，可将结构化和非结构化信息提供给所有用户。

WCM 采用了集数据资源服务、应用集成服务、选件扩展服务、开发自主服务四位一体的面向服务的架构体系。用户通过选择不同的选件，配置合适的数据适配器，采购相应的协作应用工具等，构造成自己的应用平台，满足组织内部独特的业务需求，并通过开发各种自主服务，随时根据实际情况进行服务的调整与定制。

WCM 内容协作平台是一套完全基于 Java 和浏览器技术的网络内容管理软件，集中了浏览器内容创建和写作、内容交付、基于模板的内容发布、强大的站点管理于一身，并提供企业级的团队协作服务。该系统面向非专业人员创建内容门户和实现信息共享，提供所有流行文档格式的转换，并且支持产生多种发布媒体以便支持多种信息终端。易于管理和使用的浏览器平台让使用者可以在短时间内完成内容的创建和发布。

具体功能包括：内容创建、基于浏览器的内容协作平台、丰富的媒体内容创建和转换、工作流和协作、内容交付、多种发布规划、跨媒体发布、多语种支持、个性化内容发布、站点管理、分层次分布式的多站点管理、远程栏目管理、多模板支持、完善的安全管理、信息服务、群组通讯录、面向协作的即时消息。

如上文公共图书馆自建资源中所介绍的首都图书馆的古籍插图库、首图讲坛等资源库，南京图书馆的老商标库都是使用 TRS 的 WCM 平台建设的。另外，如福建省图书馆、南京图书馆也都采用 WCM 作为资源建设的系统平台。

(3) CDICM

CDICM 是由北京中数创新技术有限公司开发的内容管理软件，最初叫资源加工系统,后经改版、升级,形成现在的产品 CDICM 内容管理系统。该系统可以收集文本、图片、音频、视频等信息,进行元数据加工,提供高质量内容发布、浏览、检索、保存、管理及在线查询服务,支持各种规模多用户的联机事务处理系统、提供可共享的数据格式和元数据标准、采用 RDF 封装的 XML 文件数据格式,是集数字资源加工、发布与调度功能于一体的馆藏资源管理与应用软件。它于 2002 年 12 月 1 日推出试用版,2004 年 11 月被选为数字图书馆标准规范著录工具,可以广泛运用于数字资源库的建设和更新。

CDICM 采用 C/S 方式,著录界面采用自定义多窗口集成方式。系统主要功能有:

- 资源加工模块:主要进行数字资源的采集、加工、处理、存储和组织,支持多种元数据和用户自定义数字资源结构,形成 RDF 封装的 XML 数据格式,建立起用户所需的资源库。
- 资源发布模块:采用标准 XML 数据格式,提供大量的显示模板及灵活的配置功能,对所建的专题资源进行互联网发布,帮助用户快速地建立起应用于网络服务的资源库。
- 资源调度模块:主要对资源的存贮、发布环境进行统一调度,保证在资源环境发生变化时,数字资源不用做任何改变,就能够迅速准确定位,实现资源共享、资源多级分布存贮与无缝检索。
- 将最新搜索网络资源纳入资源整合的范围内。
- 在使用功能上,增加跨库检索,并可以进行资源类型浏览和分类主题浏览。

如上文公共图书馆自建资源中所介绍的广西壮族自治区图书馆建设的广西戏剧专题库,就是用 CDICM 系统建设的,除此以外,该馆还制作了八桂诗词库、广西民国人物、八桂讲坛等一系列专题资源库。另外,江西省图书馆、山西省图书馆也都是采用 CDICM 作为资源建设的系统平台。

4.2.3　特点

专题资源库是资源组织的重要形式,国内公共图书馆建设了大量的专题资源库,达到了对馆藏资源价值进行充分利用的目的。资源库作为公共图书馆自建资源整合的主要工具,主要具有以下特点:

(1)广泛整合资源

专题资源库围绕某一主题对资源进行整合,其目的是帮助用户发现与某一主题相关的各类型资源，因此，其整合的对象不受资源类型、载体等的限制，整合范围涵盖了图书馆实体馆藏、数字馆藏、网络资源等。这就决定了整合时必须考虑各类型资源的特点，对资源的加工既要遵循统一性、规范性的原则，保证资源库具有良好的互操作性，也要兼顾个性化的原则，充分挖掘各类特色资源的价值。

(2)深度整合资源

信息导航主要是对散落于各处的信息进行描述，为用户进行信息的导引，起到帮助用户发现与识别信息资源的作用，因此导航主要关注的是 what 以及 where。前面的研究已经表明，信息资源整合发展的方向是围绕内容整合资源，而由于信息资源的拥有者不一定是导航者，这就造成了导航一般不对资源进行更多内容上的挖掘与分析，相比之下，专题资源库由于包括对象资源，因此可以实现对其中的知识点进行挖掘，对各种潜在的知识关联关系进行分析，在资源整合的深度方面具有较明显的优势。这一特点决定了在建设专题资源库时需要借助领域专家的帮助，对知识进行组织，对知识聚合成果进行校准、评价。

(3)便于有效管理

由于专题资源库整合的资源主要保存在本地，这为对象数据与元数据的管理带来了便利。主要包括：①资源不会出现因网页的消亡而带来损失，图书馆可按照本馆的实际情况、用户的需求、资源的价值等因素自主决定保存策略。②对资源进行有序管理，便于随时调用。③由于不会出现失效的问题，因而大大减少了资源维护的工作。基于这一特点考虑，在制定专题资源库元数据标准体系时应更加注重对管理元数据的建设。

(4)一次制作，多次利用

专题资源库是围绕某一主题建设的，资源的选择具有极强的目的性，资源的整合也是按照专题资源库所揭示主题的需要进行的，因此往往会将同一资源在多个专题资源库中进行整合，按照资源库的需要挖掘不同的知识内容。这种形式提高了资源的利用效率，避免了对人力、物力资源的浪费。基于这一特点，在对资源进行数字化等方式的加工时，应以完整性、规范性为原则，为资源的多次利用打下良好的基础。

4.2.4 实例分析

专题资源库的建设是国家图书自建资源建设的重点工作，近些年已建设了大量的专题资源库，如电子图书、学位论文、甲骨、年画等。近几年国家图书馆开展了政府公开信息整合服务工作，建设了政府公开信息专题资源库，数据库的建设规模、数据量及复杂程度都是位居前列，下面就以政府公开信息为例，说明专题资源库的建设。

4.2.4.1　概述

(1)发展历程

2007年《中华人民共和国政府信息公开条例》颁布，国家图书馆开始承担了政府信息服务工作。为了更好地履行公共图书馆在政府信息公开中的职能，并引领国内公共图书馆政府信息整合服务工作，国家图书馆启动了一个专门项目：中国政府公开信息整合服务平台，该平台于2009年4月30日正式开通服务。

通过前期实践发现，政府信息来源广泛，类型复杂且数量巨大，单馆作业根本无法完成对所有政府公开信息的整合服务，国家图书馆不可能，也不应该大包大揽，而且，大多数公共图书馆都有开展政府公开信息服务的需求，但都对政府信息管理缺少经验，没有成熟的业务模型和管理流程，因此公共图书馆界需要建立一个政府公开信息服务的"联合舰队"，共同解决开展政府公开信息服务这项新业务的相关问题。2009年在图书馆学会年会上，国家图书馆发出了筹建中国政府公开信息整合服务联盟的倡议，得到了与会者的大力支持。2010年，国家图书馆开始酝酿筹建中国政府公开信息整合服务联盟，并开展了相关的研究与实践。

2011年，文化部、财政部联合印发《关于实施"数字图书馆推广工程"的通知》，决定于"十二五"期间在全国实施数字图书馆推广工程。中国政府公开信息整合服务联盟被纳入推广工程，不再单独以政府公开信息整合服务联盟对外宣传，而是作为数字图书馆推广工程的一个项目。

2011年10月27日，中国政府公开信息整合服务平台①作为国家数字图书馆推广工程的第一个向全国推广使用的软件平台，在2011年图书馆年会上正式上线，同时上线的包括一个总站、十个分站和一个项目宣传网站，这标志着公共图书馆政府信息服务又上了一个新的台阶，是我国图书馆界开展公共文化服务的又一个创新性举措。

平台一经推出，反响强烈，众多公共图书馆纷纷表示要加入平台的建设。

① 因纳入到推广工程，所以不再单独提联盟，下文所说的平台即指联盟化发展的平台。

2012年9月,文化部正式出台《文化部关于加快实施数字图书馆推广工程的意见》(文公共发〔2012〕33号),以文件的形式进一步明确中国政府公开信息整合服务平台将作为我国省级公共图书馆必配的系统平台。这也为我国公共图书馆政府公开信息服务工作指明方向,为平台的可持续发展提供了制度保障。

截止到2013年12月底,已经建设完成40个分站,另外有多个分站正在建设中,公共图书馆政府公开信息服务借此项目的开展,开始在全国范围普及,一个覆盖全国的公共图书馆政府公开信息整合服务共建网络正在形成,为实现公众对政府公开信息的普遍均等获取奠定了坚实的基础。

(2)建设模式

中国政府公开信息整合服务项目以用户为中心,基于云服务理念,采用分层建设、共建共享模式,探索资源采集、整合、保存、服务等全流程的工作方式,实现资源一次整合、多种媒体展示,为公众方便快捷获取政府信息提供有效的服务。

政府信息的海量特征决定了对其的整合服务绝不是一家图书馆能够实现的,必须要以共建共享的方式来建设。因此,该项目联合公共图书馆界以分层的方式进行,国家图书馆负责整合中央级政府机构公开的信息,各省、市级图书馆整合其所属省、市政府机构公开的信息。

为使项目能够快速持续的发展,项目采用集中建设管理模式,所需的软硬件均由国家图书馆统一搭建,各图书馆不需要单独投入,直接登录到项目管理平台即可开展相关工作。在资源保存方面,主要采用统一存储,集中管理方式,由国家图书馆负责资源的长期保存与管理,各个分站可以直接调用各自的资源,如分站需要也可以在分站保存各自的资源。在工作方式上,以政府信息资源为对象,开展对资源采集、整合、长期保存与服务等方面的研究,从而探索数字资源生命周期的全流程服务模式。

4.2.4.2 专题库建设

政府公开信息的建设包括政府公开信息的采集、整合、保存与服务等多个环节,涉及元数据标准、对象数据处理及系统平台建设三大部分的内容。

(1)元数据标准

元数据是政府公开信息利用与合作体系建设的基础,体现着公共图书馆的核心竞争力,其查找与汇集的功能对整合政府公开信息提供了有力的支持,元数据标准的制定及元数据的有效整合是保证元数据功能得以实现的关键环节。因此在政府公开信息元数据标准的制定上,我们需参考国内外相关的元数据标准。

1)国内外主要政府信息元数据标准

目前,国外的政府信息资源元数据描述体系主要包括:MARC 的改造,GILS(Government Information Locator Service,政府信息定位服务)、DC-Government(都柏林核心政府元数据),多数国家的元数据描述体系都是基于以上标准的延伸,如澳大利亚的 AGIL(Australia Government Locator Service,澳大利亚政府定位服务)、新西兰的 NZGLS(The New Zealand Government Locator Service,新西兰政府定位服务);国内早期形成了两种建议方案 CGIMC(China Government Information Metadata Core,中国政府信息资源元数据核心集)和 e-GRMS(e-Government Resource Metadata Standard,电子政务信息资源描述元数据标准)等。

- MARC 标准的改造　20 世纪 90 年代以来,世界图书情报界、计算机界、网络界以传统的编码规则,即 MARC 和英美编码规则(第二版)(Anglo-American Cataloging Rules, AACR2)为主要标准,对政府信息资源进行编目。1993 年以后,随着 MARC 引入 856 字段(Electronic Location and Access,电子资源定位与获取),MARC 编目的范围从印刷型文献扩展到了包含因特网资源。美国政府出版局 GPO 制定的编目指南就是参照传统的文献编目规则,以 MARC 格式为核心,对其局部进行修订从而适应政府信息资源编目的需要。例如,2002 年 GPO 编目部(cataloguing branch)制定的第四版《政府出版局编目指南》中,采用 086 字段著录“政府公文管理分类号”;采用 074 字段著录“政府出版局文献号”;采用 100、110、111 字段著录“主要款目”,并规定利用 AACR2 进行著录。此外,该编目指南还对原始记录、现存记录(在 OCLC 数据库中有相同记录)的不同著录规则和格式进行了说明。

- GILS　GILS 是 20 世纪 90 年代由美国联邦政府应用元数据的理念设计的一种支持公众搜寻、获取和使用政府公开信息资源的分布式信息资源及利用体系。各政府机构可以利用 GILS 标准描述自己拥有的信息资源(包括数字和非数字资源),建立相应的信息资源目录和检索系统,并且可以在数字资源目录和数字资源全文之间建立链接,公众可以利用互联网直接获取这些目录数据,并通过链接直接获得有关数字资源全文①。从信息组织的角度看,

① 王新才. 电子政务信息资源管理及其技术实现研究——2007 信息化与信息资源管理学术研讨会论文集[C]. 武汉:湖北人民出版社,2008:3-5.

GILS 是一组分布式信息资源目录的集合，其基本构建要素是这些目录中对具体资源进行描述的元数据，即 GILS 定位记录（Locator Record）。由于美国政府的大力推动，GILS 已经成为美国政府信息资源的描述标准，并且在日本、俄罗斯等国得到了广泛应用。

GILS 由技术标准、信息组织标准和控制词表标准三种标准构成，其中大部分规定反映在 GILS 应用纲要中，根据 GILS 应用纲要第二版，GILS 核心元素共有 28 个，依元素的性质可分为：必备/可选、重复/不可重复、受控/不受控三种类型。按功能可划分为四类：资源的拥有者及建设者、资源的内容、资源的发布信息以及资源的管理信息。具体内容如表 9 所示①。

表 9　GILS 核心元素集

功能	元素	含义
资源内容信息	题名（Title）	
	资源语言（Language of Resource）	
	摘要（Abstract）	
	受控主题索引（Controlled Subject Index）	包括主题词表和受控主题词
	非受控主题词（Subject Terms Uncontrolled）	
	空间域（Spatial Domain）	包括边界坐标和地点
	数据来源（Source of Data）	
	方法（Methodology）	产生该信息资源的工具、技术或方法
	补充信息（Supplemental Information）	
	目的（Purpose）	说明提供该信息资源及指向其他对象的原因
	机构说明（Agency Program）	
	相互参照（Cross Reference）	包括题名、关系和链接
	记录语言（Language of Record）	

① Version 2 of "APPLICATION PROFILE FOR THE GOVERNMENT INFORMATION LOCATOR SERVICE (GILS)" [EB/OL]. [2012 - 07 - 17]. http://www.gils.net/prof_v2.html.

续表

功能	元素	含义
资源的拥有者及建设者	始创者(Originator)	
	贡献者(Contributor)	
	获取限制(Access Constraints)	包括一般获取限制、创作者传播控制、安全级别控制
	使用限制(Use Constraints)	
	联系点(Point of Contact)	包括联系者的姓名、机构、地址、城市、州或省、邮编、国家、网址、服务时间、电话、传真
资源的发布信息	出版日期(Date of Publication)	
	出版地(Place of Publication)	
	时间(Time Period)	
	可用性(Availability)	包括介质、发布者、资源描述、订购过程、技术条件、可用日期和可用的链接
资源的管理信息	目录号(Schedule Number)	
	控制号(Control Identifier)	
	原始控制标识(Original Control Identifier)	该记录的来源记录
	记录来源(Record Source)	创作或修改该记录的机构
	最后修正日期(Date of Last Modification)	
	记录审核日期(Record Review Date)	

• DC-Government　1999 年 10 月,DCMI 成立了政府工作组,该组调研了政府部门应用 DC 的现状和共同点,对 DC 应用于政府部门应增加的元素和修饰词提出了建议。2001 年 6 月,一些政府部门的代表在布鲁塞尔召开 MIReG (Managing Information Resources for e-Government)研讨会,成立了 MIReG 工作组。2001 年 9 月 17 日,DCMI 政府工作组和 MIReG 工作组联合发布了 DC-Government 应用纲要(DC-Government Application Profile)。该应用纲要提出直接将 DC 的 15 个核心元素及其修饰词复用到 DC-Govemment 命名域上,并

补充一个新元素——Audience(受众)①,具体内容如表10所示。

表10 DC-Government 核心元素集

功能	元素	含义
资源内容信息	题名(Title)	资源的名称
	语言(Language)	描述该资源所用的语言
	主题(Subject)	资源的主题
	描述(Description)	包括但不限于以下内容:摘要、表内容、图的说明、内容的免费账号
	覆盖范围(Coverage)	包括空间范围、时间范围以及权限范围
	关联(Relation)	可以连到一个相关资源
	来源(Source)	当前资源由哪个资源衍生来
	受众(Audience)	资源面向的对象
资源描述信息	类型(Type)	包括分类、功能、类型以及继承层次
	日期(Date)	在资源生命周期中事件发生的日期,如资源创建日期或可用日期等
	格式(Format)	资源在物理上或数字上的描述,包括存储介质以及规格,规格包括资源大小及耐用性
	标示符(Identifier)	资源在给定环境中的唯一标示
资源的责任者	创建者(Creator)	对资源内容负主要责任的实体,可以是人、组织或服务
	其他责任者(Contributor)	对资源内容有贡献的实体,可以是人、组织或服务
	发布者(Publisher)	使该资源可用的责任实体,可以是人、组织或服务
	权限(Rights)	由服务创建者设定的规则或限制

采用DC作为本国政府信息资源元数据核心的国家比较多,如澳大利亚、新西兰等。

澳大利亚政府元数据标准AGLS元数据以DC为基础,依据政府信息的

① DCMI Government Community[EB/OL].[2012-07-17]. http://dublincore.org/groups/govern-ment/.

特点制定了 18 个元素,包括复用的 14 个 DC 元素,以及 4 个扩展元素:可获取性(Availability)、功能(Function)、受众(Audience)、命令(Mandate)。AGLS 有 3 个不同的选项:必选项、条件项、可选项,必选项有 3 个元素:题名(Title)、创建者(Creator)、日期(Date)。AGLS 可以描述网络在线资源、离线资源,还可以描述政府服务和机构,可以使用 XML 或者 RDF 进行表示。

新西兰政府元数据标准 NZGLS 是在 DC 核心元数据和澳大利亚 AGLS 基础上的延伸,共 19 个元素,有同 AGLS 相同的 18 个元素,含义相似,还有一个描述(Description)元素,是对资源或服务的文本描述。NZGLS 有 4 个不同的选项:必选项、条件项、推荐项、可选项,5 个必选项元素:题名(Title)、创建者(Creator)、类型(Type)、功能(Function)和主题(Subject),目前 NZGLS 已经在新西兰政府机构、地方管理机构、国有企业等机构中得到广泛应用。

④e-GRMS 和 CGMIC

我国政府信息资源元数据标准的制定经历了一段时间的探索,形成了一些建议标准,主要有电子政务信息资源描述元数据标准(e-GRMS)①和中国政府信息资源元数据核心集(CGMIC)②,以及国务院办公厅发布的政府公开信息核心元数据。

e-GRMS 主要包括 4 部分:核心元素、限定元素、编码体系与受控词表、扩展规则,核心元素有 18 个,复用了 DC 的 15 个核心元素,并根据政务部门的需求扩展了 3 个附加元素:可用性(Availability)、受众(Audience)、安全(Security),必选元素有 5 个:创建者(Creator)、题名(Title)、日期(Date)、主题(Subject)、资源标识符(Identifier)。该标准继承了 DC 的数据模型(刺猬模型):一个单一的资源实体上有多个属性(即元素),因为每个元素都可以被看作描述资源的一个属性,每个元素都有具体的字符串值。可以满足有效检索和管理功能,限定元素对核心元素做进一步的解释和限定,使核心元素的含义更丰富,编码体系和受控词表用于对元数据元素的内容进行控制,扩展规则提供了在某一领域使用标准时如何进行扩展的原则和方法。

CGMIC 将我国政府信息资源元数据核心元素定义为 23 个,分为五大类:

---

①　闫伟,杨洪山,孙莉. 政务信息资源描述元数据标准的制定研究[J]. 计算机与信息技术,2005(10):85－87.

②　王芳. 我国电子政务元数据的构建及其基于 Web 服务的共享实现[J]. 情报科学,2007(1):125－133.

资源内容元数据、资源责任元数据、资源表示元数据、资源获取元数据、资源管理元数据，CGMIC 以 GILS 为基础，针对我国国情进行适当的调整和修正，在内容元数据中引进了“空间域”“时期”与“参照”栏目，在责任元数据中特别突出了证明资源真实有效性的“方法”一栏，资源获取元数据部分强调了资源保密级等获取限制以及相关的使用技术条件，管理元数据用于记录资源的变更记录与真实有效性。

⑤政府公开信息核心元数据

2009 年，国务院办公厅秘书局编制了《政府信息公开目录系统实施指引（试行）》①，并下发到各省、自治区、直辖市人民政府及国务院各部委、各直属机构。该实施指引主要包括四部分：政府信息公开目录系统的构成与功能、政府公开信息核心元数据、政府公开信息的分类、政府公开信息目录展现形式。在政府公开信息核心元数据部分根据《政府信息公开条例》的规定和检索、查阅信息的需要设定了 14 个核心元素，其中 6 个必选项、3 个条件必选项、5 个可选项，详情如表 11 所示。

表 11　政府公开信息核心元数据

名称	值域范围	选项属性	含义
索引号（Identifier）	20 为字符串	必选项	是每条信息的唯一标示符，主要用于跨地区、跨部门政府信息公开和共享，采用“前段码/后段码”的格式，前段码是信息发布单位的组织机构代码，由技术监督部门统一编制，后段码为 4 位年份数字加上 5 位数字流水号
名称（Title）	文本字符串	必选项	是指信息的标题，若有主副标题，则只填主标题
内容概述（Description）	文本字符串	可选项	指信息内容的简要描述，应从正文中抽取或提炼概括
生成日期（Date）	日期型	必选项	指信息的形成时间，对公文类信息，特指信息的发文时间

① 国务院办公厅秘书局关于印发政府信息公开目录系统实施指引（试行）的通知[EB/OL].[2012-02-17]. http://wenku.baidu.com/view/6ccc4d5c3b3567ec102d8a82.html.

续表

名称	值域范围	选项属性	含义
有效期(Validaty)	复合型	可选项	包括信息的生效日期和废止日期
文号(Document Number)	文本字符串	条件必选项	指信息的文件编号,对公文类信息,特指发文文号,文号属于必选项
相关信息(Relation)	复合型	多项可选项	指与公开的信息有直接关联的其他重要信息,可以方便公众检索查阅相关信息,可有多条
发布机构(Publisher)	复合型	必选项	指信息发布单位的名称,可包括多个机构
关键词(Keywords)	复合型	条件必选项	指反映信息内容特点的词语,包括主题关键词和位置关键词
信息分类(Category)	复合型	必选项	指信息所属类别的标示,包括类目名称和分类代码,可并列采用多种分类方法
在线链接地址(Online)	字符型	可选项	指信息在网络上的统一资源标识符(URI)
信息格式(Format)	字符串	可选项	描述信息的数字化编码格式,如TXT、DOC、HTML、PDF、JPG等
语种(Language)	字符串	条件必选项	指信息采用的语言,若采用少数民族语言,则为必选项
著录日期(Metadata data)	日期型	必选项	指信息的元数据在目录系统中生成或更新的时间,用于元数据内部管理

2)国家图书馆标准

政府公开信息专题库主要以单个的政府公开信息为描述对象,可以是一个网页、一个文件等。结合描述对象的特点,在对上述相关元数据标准进行分析研究后,国家图书馆制定了政府公开信息元数据标准,如表12。该标准共设元素及修饰词26个,其中题名、分类等10个字段为必备字段。

表 12 国家图书馆政府信息元数据标准

元素		必备性	解释
题名		必备	政府信息的正题名,按政府信息中出现的形式著录
	其他题名	有则必备	对正题名起补充解释作用的题名
题材分类		必备	按照政府信息的类型及规范题材分类表进行标引,元素取值见题材分类表
主题分类		必备	按照政府信息的内容及规范主题分类表进行标引,元素取值见主题分类表
文种		公文类必备	著录公文的种类,元素取值见文种分类表
关键词		必备	著录规范的电子政务主题词或关键词
文号		有则必备	政府信息的文号
相关人物		有则必备	信息内容中涉及的主要政府人物
日期	来源网站发布日期	有则必备	政府信息在来源网站上的发布时间
	发文日期	有则必备	政府信息自身的发文时间,著录信息源为正文
	实施日期	有则必备	政府信息的实施时间,著录信息源为正文
	废止日期	有则必备	政府信息的废止时间,著录信息源通常为该政府信息变更后的新信息的正文
原标识符		有则必备	政府信息的原始标识符
发布机构		有则必备	发布政府信息的机构
发文机构		有则必备	政府信息自身的发布机构,著录信息源为正文
转载来源		有则必备	著录政府信息转载自某信息来源
信息来源		必备	著录该政府信息的来源网站
原文地址		必备	著录该政府信息的发布地址(URL)
附件	附件名称	有则必备	著录该信息中独立存在的附件的名称
	附件地址	有则必备	著录该信息中独立存在的附件的 URL 地址
快照		必备	著录快照的名称,命名规则见规范;快照两种格式,一种图片格式,一种网页格式,制作方式见规范

续表

元素	必备性	解释
正文	必备	著录该政府信息的全文,要求与原网站保持内容及版式完全一致
公开方式	有则必备	该政府信息是否主动公开,通常为主动公开
公开范围	有则必备	该政府信息的公开范围,通常为面向社会
时效性	有则必备	该政府信息的有效期,通常为长期有效
修改日期	必备	著录信息的最后修改日期,可由系统自动提取

政府信息专题库设有两种分类:一种是主题分类,一种是题材分类,用于对资源从不同角度揭示。

对于主题分类,考虑到与各政府信息公开栏目的融合,以及日后在政务和图书馆界的进一步发展,所以并没有再另外创建一套分类体系,而是采用了中央政府的主题分类法,分为22个大类,每一类再细分若干二级类目,详见表13。

表13 主题分类表

一级分类	二级分类	一级分类	二级分类
综合政务	政务督查	财政、金融、审计	财政
	应急管理		税务
	电子政务		银行
	文秘工作		货币(含外汇)
	保密工作		证券
	信访		保险
	参事、文史		社会信用体系建设
	其他		审计
国民经济管理、国有资产监管	宏观经济		其他
	经济体制改革(发展改革)	国土资源、能源	土地
	统计		矿产
	物价		水资源
	国有资产监管		海洋
	重大建设项目		煤炭
	其他		石油与天然气

续表

一级分类	二级分类
国土资源、能源	电力
	其他
农业、林业、水利	农业、畜牧业、渔业
	林业
	水利
	其他
工业、交通	机械制造与重工业
	轻工纺织
	化工
	国防工业
	航天、航空
	信息产业(含电信)
	公路
	水运
	铁路
	民航
	邮政
	其他
商贸、海关、旅游	对外经贸合作
	国内贸易(含供销)
	海关
	检验、检疫
	旅游
	其他
市场监管、安全生产监管	工商
	质量监督
	标准
	食品药品监管
	安全生产监管
	其他

一级分类	二级分类
城乡建设、环境保护	城市规划
	城乡建设(含住房)
	环境监测、保护与治理
	节能与资源综合利用
	气象、水文、测绘、地震
	其他
科技、教育	科技
	教育
	知识产权
	其他
文化、广电、新闻出版	文化
	文物
	新闻出版
	广播、电影、电视
	其他
卫生、体育	卫生
	医药管理
	体育
	其他
人口与计划生育、妇女儿童工作	人口与计划生育
	妇女儿童
	其他
劳动、人事、监察	劳动就业
	社会保障
	人事工作
	军转安置
	监察
	纠正行业不正之风
	其他

续表

一级分类	二级分类	一级分类	二级分类
公安、安全、司法	公安	民族、宗教	宗教事务
	国家安全		其他
	司法	对外事务	外交、外事
	其他		国际条约、国际组织
民政、扶贫、救灾	减灾救济		其他
	优抚安置	港澳台侨工作	港澳工作
	社会福利		对台工作
	行政区划与地名		侨务工作
	社团管理	国防	国防动员
	扶贫		其他
	其他	其他	
民族、宗教	民族事务		

表 14 题材分类表

一级名称	二级名称	三级名称
机构黄页	机构职能	
	机构人员	
	机构简介	
	机构设置	
	机构联系方式	
	其他	
人物信息	人物简历	
	人物著作	
	讲话论述	
人物信息	人物手迹	
	分工分管	
	人物联系方式	
	其他	

续表

一级名称	二级名称	三级名称
法律法规	法律	
	行政法规	
	地方法规	
	规章	
	司法解释	
	其他	
机构文件	发展规划	
	财政预算	
	工作报告	
	计划总结	
	招投标信息	
	奖励处罚	
	人事任免	职务任免
		任前公示
		人事考录
		其他
	其他	
政府公报		
工作动态		
统计信息		
理论研究		
行政职权	行政处罚	
	行政许可	
	行政确认	
	行政强制	
	行政给付	
	其他	
其他信息		

通过采用上述的元数据标准，对每个资源的机构、地域、时间、来源及文种都进行标注。信息的机构标注指标注该信息的发布机构；信息的地域标注指标注信息发布机构的地域属性；时间标注指标注政府公开信息相应的时间属性，具体包含原载体发布时间、机构发布时间、采集时间、平台发布时间、更新时间、有效时间等；来源标注指标注政府公开信息的采集来源；文种标注主要针对政策法规和机构文件等公文性质的信息要准确地标引上文种，如条例、规范、办法、命令、决定、指示、批复等。

(2)对象数据处理

在政府公开信息专题库中，对象数据包括多种类型，其中以从网络中采集到本地的资源为主，另外还包括网络中不采集到本地的资源、国家图书馆从政府部门获取到的电子版公报，以及图书馆的实体馆藏资源。其中从网络采集的资源需要进行重点处理，主要包括信息自动分析标引、汉语分词、自动分类、信息过滤、信息排重及信息保存等主要环节。

1)自动分析标注

采集到的网页等信息对象，为了满足本系统的应用，必须经过一系列智能化处理，主要包括：

正文内容提取：通过结构分析的方法确定信息对象的正文、图片以及表格内容，自动剔除广告、导航信息等与主体信息无关的信息；

格式自动转换：自动将 HTML 等格式转换为 TXT 文件，方便再加工；

属性自动标注：对信息对象分析出名称、文号、发布机构、分类等属性，分析并标注这些属性信息，同时自动提取到元数据的相应字段；

内码自动转换：对于网页等信息对象中可能会包含的多种中文内码(比如繁体 Big5、简体 GB2312、GBK、Unicode 等)，转换成统一的中文内码，以便统一管理。

2)汉语分词

汉语分词系统是实现实体抽取标引与中文智能检索的基础，是全文数据库和其他模块功能实现的重要基础，在本项目中，系统内嵌汉语自动分词系统和多种分词词典(包括默认分词词典、附加分词词典、停用词典、附加停用词典、主题词典、同义词典、反义词典、歧义词典、二元组词典和单字词典)，可实现规则与统计相结合的分词技术，准确识别人名、地名、组织结构名等信息，并通过词性标注信息、分词歧义规则等技术，有效解决大部分汉语分词的切分歧义问题。

3）信息自动过滤

信息自动过滤包括除噪和内容过滤两部分，除噪是指对网页无关内容进行过滤处理，如：剔除广告、频道导航、版权信息等噪声信息，为后续的智能化处理、建立查询索引以及纯文本保存提供干净的内容；内容过滤是识别和过滤各种有害文本信息（如色情、反动、封建迷信、商业垃圾邮件等），从而摆脱有害信息的侵扰。

4）自动分类

自动分类是指利用计算机根据文献内容自动进行类别划分的功能。本项目基于系统的分类模块来实现对政府信息在主题、题材、机构等多个维度的分类标引。自动分类功能支持基于语义规则的自动分类（机检分类）和基于统计原理（基于内容）的自动分类两种方法。通过对分类词表的维护，由人工添加或修改规则等方式不断地优化自动分类的效果。

5）自动排重

自动排重主要使用相似性检索技术。相似性检索是指对于给定样本文献，在文献数据集合中查找出与之内容相似的文献。相似性检索技术需要在文献数字化表示（比如空间向量模型 VSM）的基础上，通过计算文献之间的相似程度（向量之间的距离）给出文献之间的相关度指标。相似性检索技术可以达到很好的网络内容自动排重、相关文章推荐效果。相似性检索的算法主要是基于特征词提取和倒排索引技术，在效率上达到百万级资料库上的秒级响应速度。通过自动排重，可以将相似度在95%以上的资源筛选出来进一步进行处理。

6）信息保存

对于采集到本地的网络资源，在建设初期是直接写入到数据库，作为正文字段，同时保存文字格式的网页快照。但这种方式会产生一定的弊端，部分写入正文字段的对象数据不能保持网页原有的格式，尤其对原网页带有表格或图片的资源，经常会发生表格错位、图像丢失，或段落格式异常等问题；且以文字格式保存的网页快照，一般是保存网页内容加网页样式，在没有网络的环境下，则加载不上原始网页的样式，会给用户查看网页原貌带来不便。为此，在后期的工作中，在上述工作不变的情况下，开始尝试增加以图片方式保存对象数据的功能。这种方式很好地回避了对象数据异常的情况，同时也大大减少了工作人员处理对象数据的时间，但这种方式比较耗费存储，一般来说，图片快照需要的存储是文字快照的3—5倍。

(3)系统平台建设

中国政府公开信息的存在和分布是多行业、多部门、多地域的;政府信息资源由相关机构分权管理、储存地点分散、搜寻不易,为了实现公共图书馆对政府公开信息资源的整合和共享,需要依据信息属性对信息资源进行采集、分类、加工、存储、发布,实现信息资源的有序组织;需要提供一种支持公众检索、定位、获取和使用政府公开信息资源的工具,满足人们在大量信息资源中准确、全面、迅速、方便、经济地获取所需信息内容的各种要求。

中国政府公开信息整合服务项目紧跟前沿技术,将云服务理念引入到项目的建设中,由国家图书馆进行软硬件环境的搭建与维护,构建了全国范围内统一的资源建设、管理、保存、服务平台。以统一的内容管理平台作为资源建设的基础支撑平台,承担资源建设与管理职能;统一以中国政府公开信息整合服务平台作为资源的服务平台,承担资源整合发布、一站式检索、宣传展示等功能,为用户提供增值服务,为成员馆提供宣传展示服务。统一的业务建设平台有利于资源建设的规范统一、减少重复劳动;统一的资源整合揭示平台有利于提高用户对资源的发现率。

1)建设原则

在分析政府现有资源和信息系统状况,综合考虑政府信息资源目录体系和交换体系建设标准以及用户使用的需求和业界建设的需求后,在对平台进行设计时需要遵循以下原则:

规范性:在平台的设计和建设过程中,需遵照图书馆及政务信息相关数据著录标准及分类主题标准,制定元数据规范及著录规则、主题分类标准、题材分类标准,同时要制定用户管理规范、分站建设规范等。

统一性:采用统一的管理平台,支持现有总站、分站及未来可能增加的分站的建设,降低系统管理维护的难度,提高系统运行维护的效率。

先进成熟性:先进性和成熟性指在设计理念、技术体系、产品选用等多方面的先进性和成熟性的统一,本项目结合行业主流的技术,包括 Java 应用核心、系统 N-tier 体系架构、XML 数据交换标准,选用成熟的产品完成建设工作,从而满足系统的先进性和成熟性。

开放性:系统设计采用开放标准和最先进的 J2EE 多层体系架构,因此可以保证平台的先进性和可扩展性。Java 技术保证了跨平台的支持能力,可以运行在多种硬件平台和操作系统平台上。支持多平台操作系统、多种数据库运行。

可扩展:具有处理未来变化和发展所需要的扩展性,包括数据的扩展和应用的扩展。数据的扩展指可以利用可视化的工作界面,进行数据的增加,或通过数据库管理工具,创建新的数据表。应用的扩展包括:可以在 Web 界面上直接集成其他应用系统、利用开放标准的应用开发接口和组件可以进行更加个性化的二次应用开发、底层数据完全支持 XML,可以实现不同系统间数据的交互、支持集群和双机架构,在负载增加的情况下进行扩展。可扩展性确保了随着信息量和用户量的扩大,系统能够同步增长,而保持系统的架构稳定。

易管理:系统具有良好的可管理性和可维护性,维护工作简单易用,各级管理人员通过基于浏览器图形化的简单操作就可实现整个系统的管理,图形化的工作界面降低了系统管理员的负担,从而使最终用户可以承担非关键、非核心的管理和运行维护工作。

安全性:安全性包括软硬件系统安全、应用安全、网络通讯安全。安全性必须从全方位、多层次加以考虑,即通过多层次的安全措施来确实保证全系统的安全性与可靠性。系统安全、稳定、可靠的运行,首先取决于系统的整体设计、网络结构、平台的选择以及应用程序的质量;其次,必须考虑到各种特殊情况下的恢复机制,以保证数据的一致性、完整性以及灾难恢复;严格的管理制度也是系统稳定性的重要保证;此外,完整的权限控制机制、安全认证、系统加密等措施也是保证安全的重要因素。

2)系统总体应用架构设计

网站群的总体架构设计采用集中部署模式,如图 26 所示,即服务器、应用系统、数据库等全部部署在国家图书馆中心,由国家图书馆提供统一的技术支持和维护,各分站维护各自所负责的资源,并可以按自己的需求在各自的分站上进行发布,提供浏览检索等功能;总站可甄选各分站的优质数据,经过再次整合进行发布,除浏览检索外,总站还提供推荐显示各分站的特色资源等功能。总站和分站具有一定的独立性,各站间信息交换需要在一定的授权体系下进行。

3)业务流程设计

业务流程设计主要包括网络采集业务流程、已建批量数据采集流程(包括缴送及已建数据库导入)、日常数据采集流程等不同的业务流程。

网络采集业务流程指各分馆采集其所属地区政府网站上的公开信息资源,采集对象主要为当地省、市、区县的政府网站中公开信息栏目下的资源。

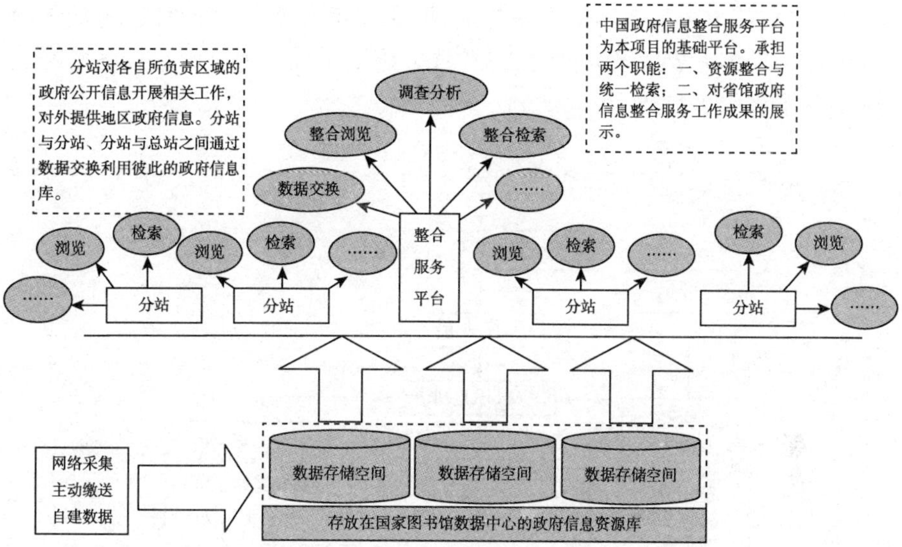

图 26　网站群总体架构

已建批量数据采集流程主要包括两方面的信息采集：一是采集已经建设的批量文件或 XML 数据，二是采集已经建成的数据库类型的批量数据。

日常数据采集流程针对各馆工作人员日常提交、增加的信息，支持提交单条或多条的政府公开信息数据。

以网络采集业务流程为例，其业务流程如图 27 所示：

①分站工作人员通过登录验证后，登录系统。

②登录后，访问个性化的后台管理页面，根据权限不同显示亦不同。分站工作人员显示该馆所负责区域(省、市、县)的政府信息分类、信息提交及审核功能，分站管理员界面显示对本分站的用户管理和维护功能，同时负责将各功能模块的使用权限分配给本馆各工作人员。通过审核的信息将根据不同的选择规则显示在分站前端的整合平台页面上。

③各分站工作人员根据业务需要，调研并提交所负责区域的政府 URL 采集列表。

④采集申请由总站技术支持人员接收，为申请进行配置，形成采集脚本，同时负责 URL 列表的首次数据采集。已配置好采集脚本的 URL 将要以任务的形式显示在申请馆的采集管理界面，包括采集 URL、任务运行、停止及报告错误。分站工作人员处理过首次采集的数据后，将通过设定该采集脚本的采

集策略(采集策略包括但不限于采集时间、采集频度等),进行日后的日常增量式采集。采集完成后系统自动通知该馆,该馆系统管理员可选择在馆间共享或不共享该采集数据。

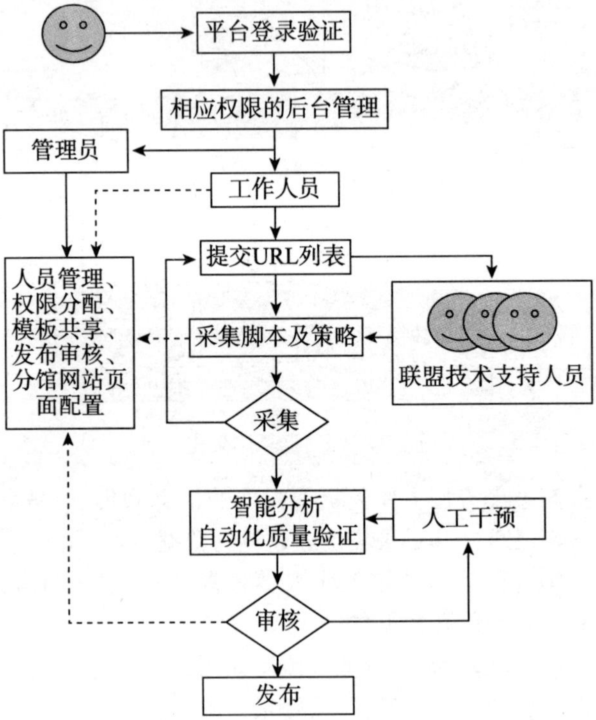

图 27　网络采集业务流程

⑤采集生成的原始数据存入中国政府公开信息整合服务平台资源库,各成员馆的采集以增量方式进行。采集出现异常时,例如采集数据错误或采集页面改版等,可由分站工作人员报告相应的任务错误,错误将提交至总站技术人员处,如因网站页面变更引起采集异常,需要重新修改配置和模板,或因网络问题引起采集异常的故障,在总站技术人员确定后该 URL 的采集功能将被锁定,由技术人员协助解决,并在下一个更新周期自动恢复。

⑥采集完成后,原始资源库数据首先进行智能分析和质量验证,智能分析包括信息分类和抽取以及信息过滤、查重等自动化机制,根据智能模型和分析技术,结合政府公开信息核心元数据规范与组织代码库,对分类、名称、

内容概述、生成日期、发布机构、文号等核心元数据信息进行智能化的自动识别与抽取,对重复信息进行提示删除等;质量验证指对智能分析的具有一定规范的数据(例如数字、位数等)进行辅助验证。

⑦在智能分析和质量验证后进行人工干预,包括人工编辑、校验、审核,利用系统内置的可视化编辑器进行信息录入和编辑修改,审核后发布到中国政府公开信息整合服务平台上。

⑧各分站发布本站的信息,生成服务网站群。

⑨分站提供信息发布、全文检索、信息推送功能。

(4)工作流程

工作流程主要指资源从采集开始,经过编目、保存到服务的工作过程。

首先是资源的采集。资源来源主要是各级政府网站中信息公开栏目下的信息。采集工作主要是靠机器实现信息的自动采集。针对采集网站数量多、信息海量的特点,为了实现采集任务,本项目中采用了分布式体系结构实现高速网页采集,具体的技术应用包括:信息智能化采集,以实现各采集工作站任务均衡、各网站信息的更新;采集任务集中控制,多台采集工作站分布采集的方案,实现可扩展的系统;采用多线程并发采集和控制,采集模块分别安装在不同的采集工作站上,实现多采集工作站协同工作的模式,从而支持对大量网站的实时采集。

对采集后的信息,使用了多种方式的整合。对采集到本地的政府信息通过制作元数据的方式将其制作成专题数据库,可以实现浏览与检索。同时,与馆藏实体政府公报进行链接,使用户检索到电子版的公报后,可以直接链接到国家图书馆馆藏的实体政府公报。如图 28 所示,在公报的右上角有馆藏链接的按钮;对不同版本的电子公报也进行了整合,在左侧提供 PDF 公报的入库。对于政府机构网站上的其他资源,采用整合网址的方式,即根据收集的政府网站地址,做成快速检索集,使用户在检索政府信息的时候,可以只在限定的政府网站中进行检索,而不是在整个互联网中进行检索,从而提高检索的查准率。对于政府机构的网站,采用站点导航的方式进行整合,让用户可以方便地找到相应的机构。

在资源保存方面,由于所有的软硬件设备都由国家图书馆负责运维,各分站只需直接登入到后台系统进行资源的加工处理,因此资源的保存以国家图书馆为主,所有采集到的政府信息均由国家图书馆进行保存,各分站若有需求,也可将数据在其本地进行备份。从具体的业务角度讲,本项目中的政府信息资源保存分为多种形式：其一为对网页有用内容进行抽取，将抽取到的信息自动入到数据库中，可提供全文检索的功能；其二为网页快照形式，可以把网页上的主要内容都进行保存，当用户所访问资源的原始链接失效时，可以提供网页快照为用户展示资源的原始面貌。作为政府信息资源的保存者，对政府公开信息进行长期保存是必不可少的，因此平台采集的所有数据都要按一定的规则分别打包，每个包都需要对包中数据格式、内容、元数据等分别进行描述，处理后的资源将进入到国家图书馆的保存系统，从而对政府公开信息进行长期的保存。

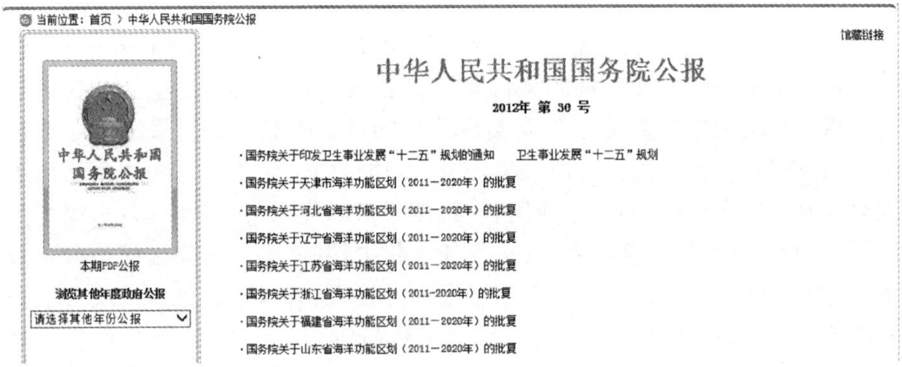

图28　政府公报显示页面

专题库建设的最终目的是为了服务，在本项目中最主要的服务方式为网站服务，同时也提供触屏版服务。

中国政府公开信息整合服务平台主要为用户提供对政府公开信息的一站式检索与信息的获取。目前平台主要包括政府公开信息、政府公报、政府机构及特色资源库四大部分。

政府信息栏目全面采集整合中央政府机构，全国各省、自治区、直辖市政府网站上“政府信息公开栏目”中的信息。到2013年12月底各级政府公开信息已达190万余条。

政府公报栏目收录了国务院公报、国务院组成部委公报，部分省、市人民政府公报。公报提供目次及原文，并有期数列表供浏览选择。已建政府公报1万余期。

政府机构栏目收录了国务院各部委，全国各省、自治区、直辖市政府机构约3000个，并按地域提供分类导航。

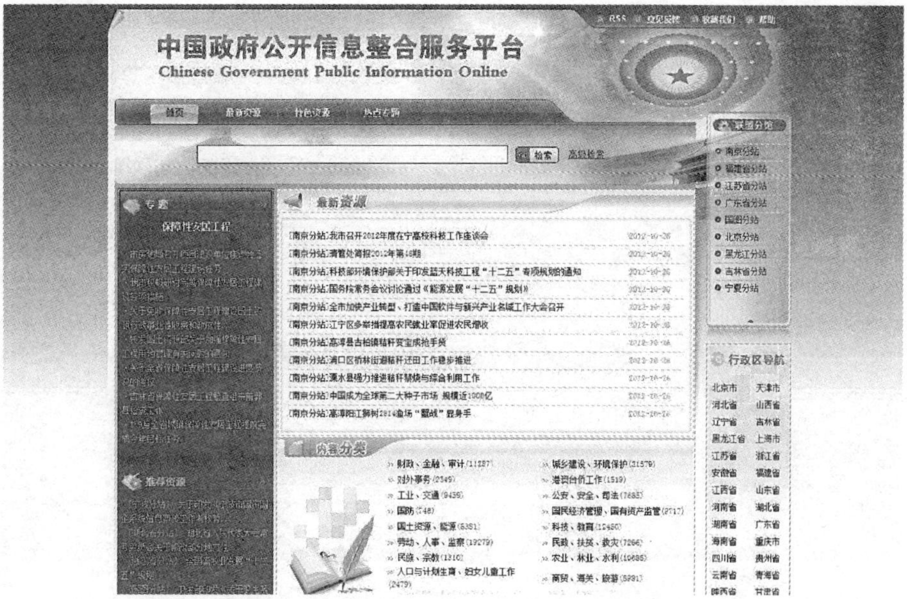

图 29 中国政府公开信息整合服务平台总站

特色资源库栏目主要用于展示各分站自建的政府信息相关数据库。

截止到 2013 年 12 月底,平台共建设了 40 个分站,各分站主要提供当地的政府公开信息服务,同时可以推荐资源到总站进行浏览;总站除对各分站推荐的资源进行展示外,同时可以检索所有分站的资源,做到所有信息的一站式检索。

在网络上提供一站式检索服务的同时,还开发了触屏版政府信息展示平台,用以提升用户体验。触屏版内容同样也包括我国各级政府网站的公开信息、政府公报和政府机构职能三部分。为体现触屏展示的特有功能,政府公报采用了 PDF 图片的格式进行展示,用户可通过手指点击、滑动等操作实现电子公报的选择、缩放、翻页、拖动等功能。

中国政府公开信息整合服务平台是我国公共图书馆界首个政府信息服务项目,为用户查阅政府信息提供了便利的渠道,不论是网络版还是触屏版,一经推出都受到了社会各界广泛的支持与欢迎。

图 30　中国政府公开信息整合服务平台触屏版

4.3　OPAC 整合

4.3.1　概述

OPAC(Online Public Access Catalogue,联机公共检索目录)是图书馆用于揭示与利用馆藏资源最基本、最直接的手段,也是用户从图书馆获取信息的最基本、最通用的途径。OPAC 作为图书馆集成系统面向用户的窗口,起着沟通用户与资源的作用,是图书馆所提供服务的核心展示部分。

随着网络信息技术的快速发展和数字图书馆建设的发展,各类电子资源层出不穷,数据库检索平台各不相同,收录内容交叉重复的现象也越来越严重;与此同时,搜索引擎、Google 图书、网上书店、网络社区等外部网络资源越来越受用户欢迎;因而用户开始希望 OPAC 也能发挥如搜索引擎那样方便快速检索资源的功能,可具备检索的专指性功能和可扩展功能。即通过 OPAC 检索平台,不仅可以获取本馆馆藏书目记录,还可以获得本馆购买的电子资源、自建资源、光盘、多媒体资源,并指向全文和链接,更能直接扩展链接到联合目录、搜索引擎、网上书店等其他外部网络资源。

近年来，许多图书馆都相继开展了基于 OPAC 的整合工作，基于 OPAC 的整合是指基于传统书目管理的整合模式，立足于 OPAC、依托于图书馆管理系统，将通过各种方式获取的电子资源的书目数据，导入到 OPAC 数据库中，从而通过 OPAC 系统可检索查看电子资源的信息，并链接到全文。

国外，如美国国会图书馆通过 OPAC 已经整合了电子期刊、电子图书等类型的资源，用户可以在 OPAC 系统中，直接检索到印本资源和电子资源。如图 31 为检索一图书的详细显示页，其中通过 Links 字段将电子图书与印本图书整合到了一起。

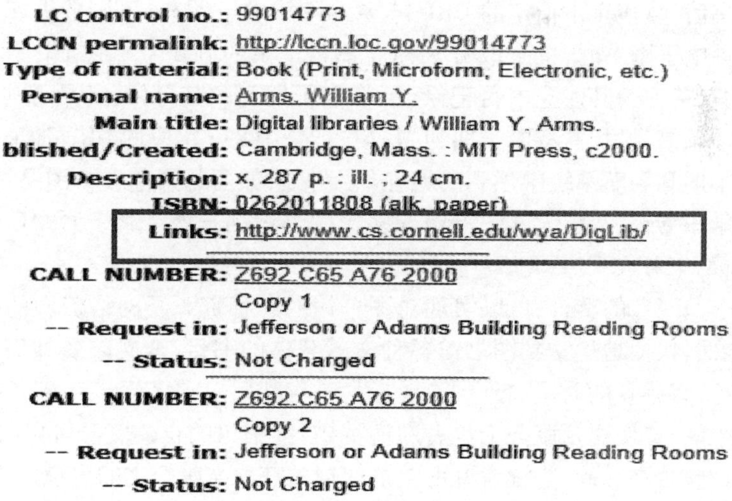
LC control no.: 99014773
LCCN permalink: http://lccn.loc.gov/99014773
Type of material: Book (Print, Microform, Electronic, etc.)
Personal name: Arms, William Y.
Main title: Digital libraries / William Y. Arms.
blished/Created: Cambridge, Mass. : MIT Press, c2000.
Description: x, 287 p. : ill. ; 24 cm.
ISBN: 0262011808 (alk. paper)
Links: http://www.cs.cornell.edu/wya/DigLib/
CALL NUMBER: Z692.C65 A76 2000
Copy 1
-- Request in: Jefferson or Adams Building Reading Rooms
-- Status: Not Charged
CALL NUMBER: Z692.C65 A76 2000
Copy 2
-- Request in: Jefferson or Adams Building Reading Rooms
-- Status: Not Charged

图 31　美国国会图书馆的详细显示页

澳大利亚国家图书馆（NLA）也开展了基于 OPAC 的资源整合，NLA 馆藏资源包括书籍、地图、图片、手稿、口述历史等，目前已超过 900 万件，另外基于网络的期刊索引、数据库和指南、展览、事件、网上书店出版物等也包含在 OPAC 书目记录中。NLA 采用美国 Endeavor 公司的 Voyager 作为该馆的图书馆集成管理系统。NLA 的电子资源使用状况分为三个层次：一是自由获取资源，标记为，表示在任何地方均可使用的资源；二是需要身份许可的资源，标记为；三是在 NLA 建筑内可使用的资源，标记为。通过 OPAC 检索出的资源，在每个标题的右上方都有可用提示，如 Available online only 表示只能在线使用，亦即只有电子资源，而标有

Available 和 Online 图标，说明图书馆既有纸本又有在线资源。

国内，如清华大学图书馆根据 ALEPH500 系统 OPAC 的特点对馆藏数字资源进行了整合，依据 MARC 格式要求和相关著录规则，对电子期刊和电子图书进行编目。在对电子图书进行编目时，清华大学图书馆对电子资源单独按 MARC 规则进行编目，如同时有电子型图书和印刷型图书时分别建立书目记录，直接以从数据库厂商获取电子图书的 MARC 数据为基础，经过分析、整理、转换等一系列预处理，在此基础上再将数据装入书目系统。通过启用 MARC 记录 856 字段，标注电子图书的 URL 链接，读者可以在检索到某一本电子图书后，直接点击指定的 URL 链接，阅读全文。另外，不同数据库系统收录同一种电子图书时，也采取分别建立书目记录的方式①。在对电子期刊进行编目时，单独为其建立书目记录，不将电子期刊和其母体（印刷型期刊）反映在同一条书目里，并将电子期刊 MARC 记录中 856 字段的 URL 地址指向图书馆电子期刊导航系统中该刊的地址②。另外，如西北师范大学图书馆、北方工业大学图书馆、武汉大学图书馆等多家图书馆都开展了基于 OPAC 的电子资源整合。

基于 OPAC 的整合，可以实现对图书馆的各种资源及网络资源的统一检索，能全面、快捷地检索到图书馆各种文献载体的书目、全文以及外部信息资源，可以节省读者的时间，便于资源的发现与利用。它已逐步突破了时间与空间的限制，在使用及服务上也有新的突破，图书馆的自建资源可以与 OPAC 书目查询整合在一起，为读者开辟更加快捷的获取文献全文的渠道。

4.3.2 实现方式

基于 OPAC 的数字资源整合从内容上讲，可分为馆外资源的横向整合与馆内资源的纵向整合。

馆外资源的横向整合主要是指对不同图书馆的异构 OPAC 数据库的整合，当前较多地采用 Z39.50 协议来完成，Z39.50 协议又称 ISO 23950，是国际通用的信息检索标准和协议，具有良好的互操作性和强大的功能，被广泛地

---

① 贾延霞等．电子期刊编目方法新尝试——以清华大学图书馆的实践为例[J]．图书馆建设，2011(4)：43－46.

② 贾延霞．中文电子图书的 OPAC 揭示与利用——以超星电子图书的编目实践为例[J]．图书馆杂志，2011(3)：32－36.

应用于信息领域。该协议定义的一些服务完全独立于各系统的数据结构之外,使得计算机之间通信能够越过软、硬件平台的差异性,在两个不同计算机系统之间为特定的检索指令进行编码和解码①。采用基于 Z39.50 的检索软件可以同时对多个含有 Z39.50 服务器的异构平台数据库进行检索,从而实现各图书馆异构 OPAC 系统之间的开放互联。另外也可以通过合作共建的形式联合各图书馆共同建设一个统一的 OPAC,实现对书目数据的统一检索。如成立于 1997 年的全国图书馆联合编目中心,是国内第一家全国性联合编目机构,截止到 2010 年年底,成员馆已经超过 819 家,数据用户累计达 1207 家。通过联合编目、上传馆藏等方式,整合了成员馆的部分 OPAC 资源,目前正在筹划通过自动收割馆藏的方式,整合更多的 OPAC 资源,整合生成联合的馆藏书目查询系统,主要用于传统书目查询系统之间的整合。

馆内资源的纵向整合指对图书馆各类资源的整合,纵向整合可以通过两种方式进行:一种是基于静态链接的整合,一种是通过动态链接的整合。

基于静态链接的整合主要指通过在 MARC 记录里增加 856 字段来链接其他自建资源,从而实现不同类型资源的纵向整合。856 字段的正式名称为"电子资源定位与获取"(Electronic Location and Access)字段,可以指明文件有效的电子地址,其内容包括:检索方法(如电子邮件、文件传送、远程登录、拨号上网与超文本传输)、主机名称、路径、文档名称或其他可以协助用户通过网络获取电子信息资源的方式等。

856 字段用于确定文献的位置并获取它,这样读者可以更为便捷地通过图书馆 OPAC 获得其他自建电子资源。凡文献或文献中的一部分可以用电子方式获得,在编目时均可使用 856 字段进行链接。《新版中国机读目录格式使用手册》中,856 字段的指示符 1 定义为检索方法,指示符 2 未作定义,共设 26 个子字段,能充分地为电子资源的网上查找与浏览创造必要条件,使图书馆 OPAC 中的书目数据在网络环境下更好地发挥作用。

在实际应用中,856 字段使用到的主要子字段为 $u 和 $z。其中,856$u 用来标注与电子资源的 URL 链接,856$z 用来标注注释说明。如 $z 在线阅读,则读者在检索界面可以看到"在线阅读"为超级链接,点击便可以直接打开 856$u 所指向的具体的电子资源,从而使书目记录与自建资源实现有机结合。例如,中国人民大学图书馆的 OPAC 系统将图书、期刊、光盘、音频、视频、

① 乌兰图雅. 浅谈 Z39.50 协议在图书馆的应用[J]. 情报探索,2009(1):95-96.

网络资源等整合在一个数据库中,实现了本馆资源的纵向整合。

利用856字段实现资源整合的优点就是简便易行,各馆的自建资源经过发布后可以批量提取发布地址,添加到856字段的 $u 和 $z,其中 $u 为指向每个自建资源的具体链接地址, $z 为附注项,是856字段标识的电子资源地址相关的附注,用于所标注地址的页面显示,如"在线阅读""在线观看"等,可用批处理的方式改为自定义的内容。但是利用856字段实现资源整合也存在一定的缺点,主要问题是通过856字段的整合是基于静态链接的,一旦自建资源的物理存储位置发生变化,或其服务器的地址变更,都将造成已写入的856字段信息无效,再修改工作比较烦琐。

基于动态链接的整合,常见的应用是通过基于OpenURL的SFX系统进行整合。SFX的最大优势是不仅能完成从二次文献到全文的链接,还能实现从文摘到文摘、全文到全文的链接,也就是各种类型数字资源的融合。它还能够实现在数据库中点击一篇文章的记录后,显示所有能够得到的与这篇文章相关的服务选项列表,实现了在知识整体层面对信息资源进行管理的整合。SFX在许多图书馆都有所应用,装了SFX系统后,在OPAC检索的资源结果页上可以出现SFX菜单,显示有哪些数据库中有被检索的资源,同时还可以整合如当当、亚马逊等网上书店的内容。

在实际的应用中,通过动态链接的整合也依然存在一些问题:它基于一定的OpenURL协议标准,对于发展比较规范的国外数据库资源比较适用,但是对于各图书馆自建资源库,因其数据库构建技术不同、标准不统一,整合起来还是有着很大的难度。

4.3.3 特点

OPAC是用户从图书馆获取信息的最基本、最通用的途径,利用OPAC进行自建资源的整合具有一定的优势。

(1)用户熟悉度高

OPAC系统是图书馆最早为用户提供书目检索的系统,图书馆用户对OPAC的检索界面、信息资源检索方式、利用方式都很熟悉,用户普遍都希望自己所熟悉的系统有新的功能,能检索到更多的资源,而不希望去不断地熟悉新的系统。通过OPAC进行资源的整合,符合用户的检索习惯。

(2)OPAC功能强大

OPAC系统的发展历经了40余年,已经不仅是一个强大而易用的检索工具,而且还集成了多种服务功能,如:文献预约、文献续借、文献传递等,同时提供“我的图书馆”功能,为用户提供个性化的服务,对多种功能集成为资源整合功能的扩展提供了系统保证。

(3)资源基础丰厚

OPAC 系统的后台是一个的庞大的书目数据库,这个书目数据库是图书馆员遵循统一的著录规则进行建设的,同时还对数据进行规范控制,因此形成的数据具有统一规范的格式,不管是读者使用,还是全球范围内的数据交换,都方便易用。基于 OPAC 进行整合,可以保证大量的高质量书目数据得到充分的利用。

但是,基于 OPAC 的整合也有其不利的方面,这主要体现在两个方面。

(1)著录粒度的不一致

相对来说基于 OPAC 的实体资源的书目数据,主要是以种为单位进行著录的,如一种期刊;而数字资源在实体资源的基础上往往还有更细的著录粒度,如期刊的一篇文章。因此,基于 OPAC 的整合,对资源的揭示并不能十分深入。

(2)维护成本比较高

基于 OPAC 的整合主要是通过在 856 字段增加 URL 的方式,但是由于电子资源的存储位置是经常会发生变化的,一旦电子资源的物理存储位置发生变化,或其服务器的地址变更,都将造成已写入的 856 字段信息无效,因此需要对 856 字段不断地进行后期的维护。

4.3.4 实例分析——中国国家图书馆 OPAC 整合

作为国家的总书库,国家图书馆拥有宏富的馆藏资源,为了更好地对资源进行管理,2001 年国家图书馆引进了 ExLibris 软件公司开发的 ALEPH500 系统作为图书馆的计算机综合管理系统,在该系统中完成中文图书、中文期刊、中文报纸、学位论文、音像制品和电子资源、联合国资料、普通古籍、民语文献、中文缩微文献、善本古籍文献、地方志、家谱文献,及外文书目数据,包括外文图书、外文期刊、外文报纸、外文善本、外文地图、外文缩微文献、外文乐谱以及国际组织和外国政府出版物等各类馆藏资源的著录和单册信息的揭示。2005 年,国家图书馆引进 ExLibris 公司的 Metalib 和 SFX 软件,建立的数字门户系统为用户提供馆藏资源的一站式检索服务。通过 Metalib 实现各种数据库的跨库检索,通过 SFX 实现电子期刊的管理,截止到 2013 年,国家图书馆在 Metalib 的正式数据库达 361 个,SFX 的电子期刊 98 115 种、电子图书 114 473 种,为用户提供各种浏览检索服务。

但由于 OPAC 是图书馆为用户提供服务最早使用的系统,读者已习惯通过它来获知馆藏信息。若只能在数字门户系统中实现对馆藏资源的统一检索,并不符合目前读者利用图书馆馆藏的习惯,不能满足读者对资源检索与利用的需求。2011 年国家图书馆启动“国家图书馆 OPAC 资源整合”项目,将电子资源与印刷型文献资源一起纳入图书馆的目录体系,并将电子资源与其相应的其他载体的资源进行有效链接,在 OPAC 系统中实现对图书馆全部馆藏资源有效的组织与充分的揭示①。

进行基于 OPAC 的资源整合时,需要根据印本资源和电子资源的情况,采用不同的处理方式,总体来说,主要基于如下原则:

在只有电子资源而无印刷本的情况下,需要为电子资源新编一条完整的 MARC 记录。

在既有电子资源又有印刷本的情况下,主要有两条原则:

(1)单记录原则(在印刷版/原始记录中给出访问路径):允许图书馆采取单记录原则,即不为本馆已有印刷版资源的电子版单独编目,只在已有的印刷版资源的记录中著录电子版资源的地址。这实际上是对电子资源和印本资源的编目进行整合,优点是节省时间和空间,缺点是不能全面反映电子资源的情况和图书馆的馆藏。

(2)为电子版资源单独建立记录的原则:其优点是能充分揭示电子资源的情况,并能更好地对书目记录进行管理和维护,能真实、全面地反映图书馆的馆藏情况②。但由于目前电子资源代理商所提供的数据库中包含了大量重复的内容,对这些大量重复的电子资源,亦可以采用两种方式:①建立一条电子资源的中立记录(aggregate-neutral record),著录多个代理商的统一资源标识。②为每一发行者或代理商建立单独的记录③。

目前,建立一条电子资源的中立记录,著录多个代理商的统一资源标识的原则,成为图书馆普遍采用的电子资源编目原则。

下面以电子图书为例说明整合的具体方式。

---

① 周晨. 基于 OPAC 的图书馆资源整合研究[M]. 北京:国家图书馆出版社,2013:132.

② 李咏梅. 大学图书馆电子期刊的编目研究[J]. 四川图书馆学报,2007(3):49-51.

③ 沈芸芸. 网络型电子期刊编目原则探讨[J]. 大学图书馆学报,2003(3):79-82.

中文电子图书采用建立一条电子图书记录，著录多个电子图书制作商的统一资源标识的整合方式。中文电子图书书目数据要求能够实现中文规范控制，所以不能直接从中文电子图书元数据中转换得到，而需要从对应的印本文献书目数据中获取，即通过检索中文电子图书元数据与ALEPH系统中文献类型为“专著”的印本文献数据的ISBN号，实现一对一匹配并提取相关的印本文献书目数据①。然后依据CNMARC格式要求和相关著录规则，按照印本文献转换成电子图书书目数据的规则进行数据分析和转换，保留原有电子书目数据856字段的$u并增加子字段$z电子图书全文（电子资源名称），新增一个856字段，其$u内容为：http://login. nlc. gov. cn/niMingLogin. action，$z. 内容为：远程访问电子图书全文（电子资源名称）；即MARC的856字段，标注电子图书的URL，实现对电子图书全文的链接。同时，通过启用A-LEPH系统LKR字段，实现电子文献和印本文献书目数据之间的关联。对于外文电子图书的整合，国家图书馆亦采用单独建立记录的方式，依据MARC21格式要求和相关著录规则，对资源提供商提供的外文电子图书书目数据进行进一步整理与完善，在此基础上将数据装入书目系统。如图32，即为OPAC为用户提供服务的情况，左侧的为印本图书，其中有一个“并列”字段可以直接访问该书的电子文献，右侧即为该书的电子版本，通过“外部网址”字段即可直接访问电子版图书，同时通过“并列”字段可以访问该书的印本文献。

另外，对于国家图书馆图文类（非书刊）的自建资源，因为其主要是将老照片、年画、甲骨、拓片等原始文献，进行数字化扫描或拍照而产生的，数字化版本和原有版本的内容完全一致，可视为原始文献的替代品。整合该种类型的数字资源，宜采用单记录的原则，把数字资源与原始文献合编为一条记录，即在原始资源的书目数据中添加856字段，$u子字段著录对应数字资源的网址，$z子字段著录公共附注②。

OPAC的功能越来越强大、方便、快捷，除了能整合电子图书、电子期刊、自建数字资源，还能整合各类网络资源，如在线购书、搜索引擎、网络书评、书刊封面、图书目次、内容简介等资源。目前，国家图书馆的OPAC系统整合的

① 只莹莹等．国家图书馆OPAC资源整合应用实践[J]．图书情报工作，2012(S2)：100-102，124.

② 周晨．基于OPAC的图书馆资源整合研究[M]．北京：国家图书馆出版社，2013：152.

网络资源有当当网、亚马逊、豆瓣等。利用现有的互联网技术改变目录的呈现形式，无缝链接相关外部资源，扩展目录检索空间，可以使读者从多角度了解所查找的资源，帮助读者选择资源。

头标区	----nam0-22---- 450-
ID 号	003621875
通用数据	20070327d2007 em y0chiy50 ea
题名与责任	数字化时代的高校图书馆建设 [专著] / 何琍芳著
出版项	昆明：云南大学出版社, 2007
载体形态项	133页；24cm
语言	chi
内容提要	本书收集整理了作者近十年来以"数字化时代高校图书馆建设"为工作中的经验和总结，并提出了许多建议和意见。
主题	院校图书馆 -- 图书馆工作 -- 文集
	院校图书馆
	图书馆工作
中图分类号	G258.6-53
著者	何琍芳 (女， 1962~) 著
并列	访问电子文献

头标区	----nlm0-22---- 450-
ID 号	fz0110217
通用数据	20070327d2007 em y0chiy50 ea
题名与责任	数字化时代的高校图书馆建设 [电子资源.图书] / 何琍芳著
出版项	昆明：云南大学出版社, 2007
载体形态项	133页；24cm
语言	chi
内容提要	本书收集整理了作者近十年来以"数字化时代高校图书馆建设"工作中的经验和总结，并提出了许多建议和意见。
主题	院校图书馆 -- 图书馆工作 -- 文集
	院校图书馆
	图书馆工作
中图分类号	G258.6-53
著者	何琍芳 (女， 1962~) 著
外部网址	
并列	访问印本文献

图 32　印本图书和电子图书在 OPAC 中的展示

4.4　统一检索平台

4.4.1　概述

统一检索平台指让用户在统一的查询界面与检索结果的形式下，查询用户所需要的多个数据库资源，为用户提供"一站式"服务的系统。即通过简单的操作，使用户能够一步到位地检索到所需要的信息资源而感觉不到所查资源来源于不同的数据库。

随着信息技术的快速发展，目前图书馆都建设或购买了大量的数据库，但是每个数据库所涵盖的资源内容和所采用的信息组织方式都有所不同，读者若要得到较全面的信息资料则需要检索多个资源库。传统的检索方法需要用户登录每个所需要检索的数据库，分别进行检索，然后对各个数据库检索的结果再进行分析处理。这不仅要耗费读者大量的时间和精力去每个数据库分别进行检索，而且还要求读者有较高的信息检索能力，能适应每个异构数据库的检索方法和展示形式，另外分别针对不同的数据库进行检索还会导致检索结果有大量的重复信息,需要读者再去进行去重整理。这些问题直接影响了读者对图书馆资源的使用热情。

而与之相比的搜索引擎,因为具有界面简洁、使用简单、海量收录、快速响应等优点,且不需要用户有专业的检索技巧,因而用户检索信息资源时,即使是检索学术资源也越来越倾向使用如 Google 一样的搜索引擎。搜索引擎的基本原理是利用爬虫技术将网页信息搜集到本地,制作索引,用户利用搜索引擎的检索界面获取同检索词相关的网页信息。可以说搜索引擎是数据整合的一个初始模型,通过搜索引擎,用户能够更方便地发现存在于网络各处的海量资源,但是搜索引擎仍然存在着很多问题,如:

(1)更权威、学术性更强的数字资源往往存在于隐藏在网页背后的网络数据库中,然而搜索引擎对深层网络资源的覆盖度是远远不能满足用户需求的。Marcia A Mardis 指出,即使最有经验的人使用最强大的搜索引擎也只能搜到网上 16% 的网页,网上不可见的网页是搜索引擎所收录的网页的 500 倍①。

(2)由于排序方式的不同,各种搜索引擎对同一检索需求会返回不同的检索结果,为提高查全率和查准率,用户在检索时就需要查询多个搜索引擎,降低了检索效率。对解决这一问题的研究主要集中在对页面排序算法的改进。

因此,如何屏蔽不同数据库之间的差异,为读者提供方便快捷的统一检索平台,已成为数字环境下图书馆研究的重要问题。国内外大型图书馆都纷纷开始进行统一检索平台的研究与建设。

澳大利亚国家图书馆于 2009 年向公众推出了统一检索平台 Trove,通过它可以检索大量与澳大利亚相关的内容,Trove 包括来自 1000 多所图书馆、博物馆、档案馆和其他文化教育机构的超过 100 万条的数字内容。Trove 是一个基于元数据仓储的统一检索平台,它并不存储内容,只有元数据,它将收割的元数据聚集在一个地方以便检索。用户最终需要到保存资源的网站上获取数据。Trove 中整合了澳大利亚国家图书馆管理的 9 项服务,包括澳大利亚国家书目数据库、Pandora(网站存档)、澳大利亚研究在线、澳大利亚图片、澳大利亚档案和手稿记录、澳大利亚报纸、澳大利亚人、澳大利亚音乐和澳大利亚

① M A Mardis. Adding to the Students' Tool Box: Using Directories, Search Engines, and the Hidden Web in Search Process[J]. Tech Trends, 2002(46): 33-38.

舞蹈。由于 Trove 的大多数资源来自协助机构的数据库，即位于互联网络中的“深网”之中，一般的搜索引擎很难涵盖这些资源。为使资源能够被更广泛地发现，Trove 鼓励其他检索引擎收割 Trove；鼓励在其他资源中使用 Trove 工作 ID（永久标识符）以创建资源之间的链接；另外还开发一个 API，让其他站点能够以不同的方式从 Trove 中抽取信息，已经拥有 API 的网站包括 Google 图书、亚马逊、维基百科、Flickr、Google 视频等。同时，Trove 也将来自其他网站的相关信息作为检索结果的补充，如从亚马逊、尼尔森书目数据及维基百科等地方获取图书的封面、摘要、目录、综述等，另外还允许用户根据自己的能力向数据库中添加标签、评论、等级等。

国内，中国高等教育文献保障系统（CALIS）于 2004 年推出统一检索系统。由于在 CALIS 门户网站和各个图书馆系统中，涉及对各个类型的数字资源的信息检索和获取，这些数字资源，各自有其不同的数据存储格式、访问方法和检索界面，有的部署在本地，更多的分布在异地和国外。CALIS 统一检索系统旨在针对这些异构数字资源进行整合，为用户提供一种更好的整合检索服务，从而提高资源的利用率。CALIS 统一检索系统采用了基于元数据的检索技术，能够对分布在本地和异地的各种异构资源提供统一的检索界面和检索语言。系统可提供多种资源类型和检索方式，利用 CALIS 统一检索系统，管理员能对各种信息资源的访问进行限制、监控、统计、计费等处理。CALIS 统一检索系统为用户提供“我的学科”“我的资源”“我的收藏夹”“我的检索历史”等个性化检索服务。此外，CALIS 统一检索系统还实现了与 CALIS 其他各种应用系统（如资源调度、统一用户管理、馆际互借等）的无缝集成，可以使读者更方便地访问国内外文献资源。

不仅图书馆重视统一检索的建设，资源提供商对统一检索更为关注，已经开发出众多的统一检索系统或称为资源发现系统。比较被认可的有 ExLibris 公司推出的 Primo Central，EBSCOhost 公司推出的 EBSCOhost Discovery System，ProQuest 集团推出的 Summon 等，国内的同方、万方都推出了统一检索系统，可以检索国内外数亿条信息资源。

4.4.2 主要功能

从技术实现的角度看，统一检索主要有基于跨库检索和基于元数据仓储的两种实现方式。跨库检索一般采用模拟 Web 访问过程，将统一检索界面输入的检索条件依次传给多个数字资源系统，这些数字资源系统启动各自的检索系统进行检索,并将检索结果在同一界面中同时显示。这种技术实现难度相对较低、开发费用少、维护量小。不过,该技术对数字资源系统的用户界面的网页代码依赖性强,同时启动的检索进程系统越多,整体检索效率就会下降,另外组合检索难度大,不支持二次检索是它的最大缺点。元数据仓储技术是将各数字资源的元数据提取出来,经过重新描述建成标准统一的元数据,在此元数据库的基础上再配套开发检索系统,形成统一检索界面,因为检索都在统一元数据库中进行,只是当读者需要浏览对象数据时才调用各数字资源原有的浏览器进行阅读。所以它的整体检索效率非常高,并且还能很好地进行高级检索及二次检索,检索结果还可依据相关度、检索时间等进行排序。除了检索效率高外,并发用户量及兼容能力也非常强大,由于完全不依赖各数字资源原有的检索系统,适用范围广、稳定性非常好,相对联合检索它的开发难度大、成本高,但效果最好。详细见3.3及3.4相关内容。但由于这两种技术各有优缺点,也有一些公司采用两种技术相结合的方式来建设统一检索系统。如:Innovative的Encore Discovery探索发现平台,通过Encore Harvesting Services收割元数据生成的中央元数据索引集和Research Pro联邦检索工具来发现资源;ExLibris的Primo将MetaLib整合检索集成为Primo Metasearch组件,通过Primo Central元数据集中检索和MetaLib元搜索进行资源检索和探索发现;Serials Solution公司则将Summon互联网级探索发现系统和360 Search联邦检索服务集成起来①。

不论基于哪种技术实现,统一检索平台主要功能包括:资源整合功能、资源检索功能、资源获取功能、检索结果处理、服务整合功能等五大方面。

(1)资源整合功能

统一检索平台可以涵盖各种类型、各种结构的数据源,通过多种手段对资源进行整合与揭示。整合可以是物理或逻辑的整合,如:对相关资源按不同方式进行汇集,将相同资源的不同版本整合到一起等,按数据库、学科、文档类型、时间、语种等多角度建立分类导航,便于用户熟悉了解资源。

(2)资源检索功能

检索是统一检索平台的基础功能,在检索方式上,一般会包括多种,如:一框检索、多字段检索、多库检索、组合检索等;在检索技术上可以包括布尔

① 路莹.图书馆资源整合新技术——探索发现系统[J].中华医学图书情报杂志,2011(5):28-31.

检索与组配检索,即支持与或非等多种条件的组配检索;扩检缩检与精确检索,即支持截词检索、位置算符、通配符、词根符、优先算符等;相关检索,即可根据一次检索的结果对相关作者、主题词等进一步检索;差异化检索,即指显示不同数据库的具体查询细节,与检索字段中的原字段检索类似,支持对初次检索结果进行调整、细化,提供检索建议等。

(3)资源获取功能

通常用户进行检索的目的是为了获取检索的最终结果,若只能提供资源的检索,而不能提供相应的资源,统一检索平台的功能将会大打折扣。因此,统一检索平台一般都将获取功能无缝嵌入到检索服务中。为便于用户对资源的获取,通常会对资源的形式及获取方式进行描述。资源形式指电子版本或印刷版本,获取方式是指资源是否可以在互联网环境下免费直接获取,或是在局域网环境下免费获取,或是其他方式获取,能获取完整的还是其中的某些部分等。

(4)检索结果处理

一般来说,统一检索系统所涉及的数据源比较多,因此检索结果也会相应比较庞大,如何对检索结果进行科学的处理与显示,对用户获取信息至关重要。通常统一检索平台会对检索结果提供多种的分面展示,同时在提供基本统一显示的基础上,对不同类型的资源设计不同的显示内容;另外会按相关性、时间标题、作者、来源、语言等多种方式对检索结果进行排序,以便于用户对资源的选择。此外对于包含多个数据库的统一资源检索平台,对结果进行科学合理的去重,也是其提供的一项重要的功能。

(5)服务整合功能

统一检索系统通常可以整合图书馆的一些常用服务系统,如在检索系统中整合文献传递的功能,当用户无法免费获取到电子版本资源时,可以通过文献传递系统实现对资源的获取。如:整合馆藏信息,用户在检索结果中就可以发现哪些图书馆收藏了所需要的资源;整合地图功能,用户可以查看最近的图书馆;整合在线书商,用户在检索到结果后,可以直接购买所需资源。

4.4.3 优缺点

统一检索平台的主要功能是同时对多个数据源进行检索,因此统一检索平台具备以下的优点:

- 向用户提供统一的检索界面,减少了用户学习检索不同数据源的负担,用户不需要学习多个数据库的使用方式就可以对多个数据库进行检索并获取所需的资源。

- 检索结果经过系统的整合,可以进行去重与排序,以统一的格式为用户提供服务,便于用户的浏览与选择,简化了用户对检索结果进行再处理的工作。
- 并发式的检索过程,减少了用户对资源进行检索的总体时间。
- 在提供检索的基础上,能同时整合多种服务,便于用户对资源的获取。

由于统一检索平台需要将不同数据源的元数据转换成统一格式的元数据并为用户提供服务,因此统一检索平台也存在以下一些不足之处:

- 对不同数据库的元数据进行互操作,首先要清楚每个数据库元数据的语义,但是由于很多数据库的建设都比较随意,元数据以自定义居多,往往相同的元素名称在不同的数据库中有不同的语义,或不同的元素名称在不同的数据库中表示相同的语义,这些都会直接影响数据转换的效果。
- 不同数据源之间的元数据互操作没有统一的标准,哪些需要保留、哪些需要展示,随意性比较大,因此在统一检索平台上展示的内容会有很大的差别。
- 统一检索平台要涵盖各种类型的资源,但在进行资源展示的时候,一般只提取部分通用的信息,很难保留原始数据库中个性化的内容,因此在统一检索平台中检索到的元数据,在对资源的揭示程度上往往比原始数据库中的揭示程度差。

4.4.4　实例分析

国家图书馆于2012年推出了统一检索系统——文津搜索系统,该系统是国家图书馆在网络环境和数字环境下推出的新应用,是国家数字图书馆的资源搜索门户,也是数字资源服务利用的集中体现。“文津”搜索系统整合了国家图书馆和地方图书馆的众多数字资源,建立了分布式索引,提供了一个高并发、低功耗,拥有良好用户体验且精准权威的元数据统一搜索平台,能满足读者对各类资源的“一站式”检索需求,快速地获取到所需内容,享受到便捷的应用服务。“文津”搜索系统的上线,将会有效提高全国图书馆数字资源利用率,促进资源的共建共享和联合服务,为全面提升我国各级公共图书馆的信息保障水平和服务能力,推动图书馆事业的跨越式发展注入了新的活力。下面就以文津搜索为例,对统一检索平台进行说明。

4.4.4.1 概述

国家图书馆拥有大量的数字资源，截至2012年，国家图书馆已拥有纸本资源3000万册，数字资源总量达813.6 TB，外购数据库多达255个，但每种资源都属于独立系统，读者需要进入不同的系统才能获取资源，海量数据资源的现状给读者带来了诸多不便。为了解决此问题，国家图书馆进行了大量的数据整合工作，如2005年引进了ExLibris公司的Metalib联邦数据库整合系统等。近年来，国家图书馆对国内外各种资源发现系统进行了调研，并结合馆藏资源情况，于2010年启动了基于元数据仓储的“文津搜索”系统。

文津搜索系统对馆藏资源整合的主要思路是：通过收割、转换、清洗、装载不同来源的元数据，构建一个超大型海量元数据仓储库；再通过元数据映射的数据整合方法，规范异构数据库；并引入先进的云计算核心技术，如跨语言的服务部署框架技术（Thrift）、分布式系统基础架构技术（Hadoop）、分布式NoSQL列数据库技术（HBase）和大规模数据集的并行运算技术（MapReduce），以提高系统检索速度，增强系统扩展性；最终通过统一的检索界面、标准的分类方法和准确的对象数据URL链接，为读者提供“一站式”馆藏资源的统一获取。

作为国家数字图书馆工程的核心组成部分，“文津”搜索系统具备六大特色：一是海量的资源容纳能力。汇聚60多个资源库、近2亿条数据的海量文献信息。中文方面，已覆盖大部分资源，不但有博士论文、民国文献、地方志、古籍文献等自建资源，还有方正电子图书、CNKI、维普等外购资源；外文方面，已收集到十余个资源库的元数据。二是高效智能的检索揭示。检索结果通过多种途径的分类和排序方式进行过滤、聚合与导引，方便读者快速定位所需信息。三是完善的资源服务整合。提高用户搜索过程中返回信息的数量和质量，使读者不必在各种媒体资源的多个系统中检索就能得到满意的结果，享受方便快捷的一站式服务。四是快速的系统定位。能够承载巨大的用户访问请求，并快速地提供检索结果。五是良好的在线体验。支持在线阅读和分享功能，用户可以根据个人权限，浏览更多的信息。六是独特的个性化服务。通过登录认证为读者提供多种个性化服务，包括查看检索历史、设定搜索习惯等，使检索更具个人特色①。

① 文化津梁　资源尽享——国家图书馆“文津”搜索系统广受欢迎[EB/OL].[2012-07-01].http://www.nlc.gov.cn/dsb_zx/gtxw/201211/t20121106_67559.htm.

4.4.4.2 系统构成

文津搜索系统软件包括资源采集，数据存储、整合，索引构建和检索服务四大部分组成。

(1)资源采集系统

资源采集系统主要功能包括大规模的资源采集、结构化信息抽取等主要环节。其中资源采集系统通过多级任务调度与负载均衡、多 IP 自动切换、文档中转服务器与分布式存储集群等策略来达到大规模并发采集的功能与性能指标。

多级任务调度与负载均衡。文津搜索的资源采集系统使用"爬虫总控服务器→爬虫调度服务器→爬虫服务器"三个级别的任务调度与负载均衡策略，可以充分保障数据采集规模的水平扩展性。

多 IP 自动切换。文津搜索的资源采集系统可以自动切换使用代理服务器集群中的 IP 地址，最大程度避免同一 IP 访问过于频繁而造成的采集失败情况，从而保障系统的采集稳定性。

文档中转服务器与分布式存储集群。文津搜索的资源采集系统可以高效的将采集到的文档数据发送到文档中转服务器，并批量异步保存到分布式存储集群，从而保障系统的数据存储性能与扩展性。另外对互联网上的书评等复杂信息也进行了抓取，主要使用 IRS(Information Retrieval Script)语言脚本来实现书籍评论的采集。

结构化信息抽取主要采用了文档结构规则、模板匹配规则、自动识别规则等几种结构化信息抽取规则，来快速地实现信息的抽取。文档结构规则指通过网页的 DOM 节点路径来定义信息抽取规则。模板匹配规则指通过页面内容的模板标记来定义信息抽取规则。自动识别规则指通过对页面内容的角色标记来定义信息抽取规则。

(2)分布式数据存储系统

文津搜索的分布式存储系统是在 Hadoop 的基础上做的进一步的开发、优化和补充，系统使用文件分块存取的机制，将大文件分块存储于不同的服务器上，在读写的时候可以并发操作，从而保障数据存储的高并发、高吞吐量指标。

文津搜索分布式存储系统，是一种面向列的数据库，列被组织成为列族(Column Family)，在数据库中增加一列非常方便，不必提前解决记录中的字段，可以在系统运行时随意地添加或移除字段。

文津搜索分布式存储系统，使用 NameNode 来管理系统的元数据，可以实现完全的水平扩展。手工增加一台新服务器到集群里，就可以给集群添加更多容量，不必手动迁移任何数据。

文津搜索分布式存储系统，对外提供 RPC 接口，可以在任何地方、任何时间集中读或写任何数据。

(3)数据处理和索引建立

文津搜索的大数据量的数据分析与处理工作基于 MapReduce 计算框架，例如词频的统计、网页的内容分析、用户兴趣的挖掘等。

索引的建立可以在单机上进行，也可以在 Hadoop 集群上进行，可以根据情况灵活指定。对小数据集，比如实验数据集或者部分更新的数据集，可以采用单机版的索引建立程序。而对于大数据集，将使用 Hadoop 分布式计算集群来建立索引。

为了提高检索质量，需要把书籍的互联网引用率、好评数、销量、书籍借出率、文章引用率、作者权威性等因素补充加入到索引中。

(4)检索服务

检索服务主要提供大并发支持、亚秒级响应速度、搜索建议与纠错、文本整合和去重等一系列功能。

1)大并发支持

为实现大并发支持，检索系统采用了多级互联结构。第一层，前端负载均衡器：通过负载均衡器连接后端多个“检索根节点”。第二层，检索根节点(Root)：每个检索根节点连接多个检索集群父节点。第三层，检索父节点(Parent)：每个检索集群有多个检索父节点，不同的检索集群之间拥有相同的索引数据。第四层，检索服务叶子程序(Leaf)：检索服务叶子程序支持多核多线程的处理模式，会充分利用服务器提供的两路 CPU、12 核 24 个超线程核心，提供并发检索服务。通过以上的多级互联结构，可以高效的对并发的搜索请求做负载分流，使得每个检索请求都可以快速遍历包含数亿文档的索引，从而支撑大并发量的检索请求。

2)亚秒级响应速度

为了达到亚秒级的响应速度，文津搜索的索引文件需要被分片存储在多个检索服务器上，同时每个检索服务器的存储采用高速 SSD 卡(PCI-E/8)和磁盘阵列技术，索引根据情况从硬盘载入到高速 SSD 卡和内存中。通过这样的结构设计，可以把每个请求的索引遍历工作按照“检索根节点→检索父节点→检索服务叶子程序→SSD + 内存”，这样的顺序逐层分流，使得整个索引检索过程可以在几十毫秒至数百毫秒内完成。每个叶子节点获得的检索结果再反向按照“检索服务叶子程序→检索父节点→检索根节点”的顺序依次归并，把最终的检索结果按照排序条件来汇总排序，反馈给前端展现。通过这样的多级处理机制，可以把文津检索系统对检索请求的响应时间控制在亚秒级。

3）搜索建议与纠错

为了衡量两个不同输入词的相似性，需要衡量词与词之间的相似性。例如衡量“西游记”和“夕游记”的相似性。文津搜索通过衡量两个词的读音相似程度、汉字相似程度、声调相似程度和字形相似程度等多重因素来计算汉字之间的相似性。给出一个查询词和多个历史查询（通过用户的查询日志获得），就可以根据汉字之间的相似性找到和查询词相似的所有相近词作为该查询词的纠错。

搜索建议的实现方法：针对资源文献的标题、作者名字、出版社名称等信息，单独建立索引，并启动检索服务程序提供单独的搜索建议检索服务。当用户在搜索框内输入检索词语时，将此检索词语提交给搜索建议检索服务，得到的搜索结果作为搜索建议呈献给用户。

相关搜索的实现方法：针对资源文献的标题和作者名字、出版社名称等信息，单独建立索引，并启动检索服务程序提供单独的搜索建议检索服务。当用户在搜索框内输入检索词语时，将此检索词语提交给搜索建议检索服务，得到的搜索结果作为搜索建议呈献给用户。

4）文本整合和去重

文津搜索的文档去重有两类方法：一种是根据文津搜索特有的特务规则进行去重，即结合工作要求和资源实际情况先期制定的一些规则，如一本书如果有同样的作者、书名、出版社和出版时间，则被认为是同一本书。另一种是根据文本相似度去重，对于多个来源获取的文本信息，有一个文本数据整合问题，则可按照 Shingle 方法进行去重。文津搜索在检索根节点、检索父节点和检索服务叶子程序都加入去重模块。

4.4.4.3　应用

文津搜索系统主要是为用户提供各种方式的检索服务，包括一框式检索、高级检索和联邦检索。

一框式检索：用户只搜索一次就能看到各种资源类型的相关搜索结果，

而不需要再做多次检索。用户可以在搜索框中输入待搜索关键字，输入过程中文津搜索系统会给予搜索建议提示，输入完毕后，可以直接点击“搜索”，默认为搜索全部资源，如用户需要也可以先选择检索分类或检索字段再进行搜索。

图 33　文津搜索首页

高级检索：可以让用户指定详细的文献类型、检索方式、检索范围，以提供精准的搜索结果，并且可以支持跨语言检索，可以用中文词来搜索英文资料，或者用英文搜索中文资料。

联邦检索：提供联邦检索的链接，点击可以跳转到联邦搜索系统，即国家图书馆的数字图书馆门户系统，从而可以对没有收到元数据的资源库进行检索。文津搜索系统是基于元数据仓储技术来设计的，但由于元数据仓储本身存在元数据难以获取的缺点，因此文津搜索系统同时提供联邦检索，来检索其他未能收录到元数据仓储的资源，从而弥补了元数据仓储的一些不足之处。

文津搜索的检索结果页面展现形式灵活多样，如去重功能（其他版本与分册模块实现）、可视化展现、排序（如按相关性、题名、作者、出版单位、出版日期排序）、分面（提供了按文献类型查看检索结果的功能）、聚类（可以按年份、著者、语种集中）、外部数据聚合（聚合了谷歌和百度的搜索功能）、用户行为挖掘（热门检索词推送、相关检索结果呈现）等，通过这些丰富的展现形式，实现了精确检索，满足了读者进一步的检索需求。

文津搜索系统在使用上比较简洁便利，是因其本身对资源进行整合的强大功能。文津搜索系统主要为用户提供以下重要功能。

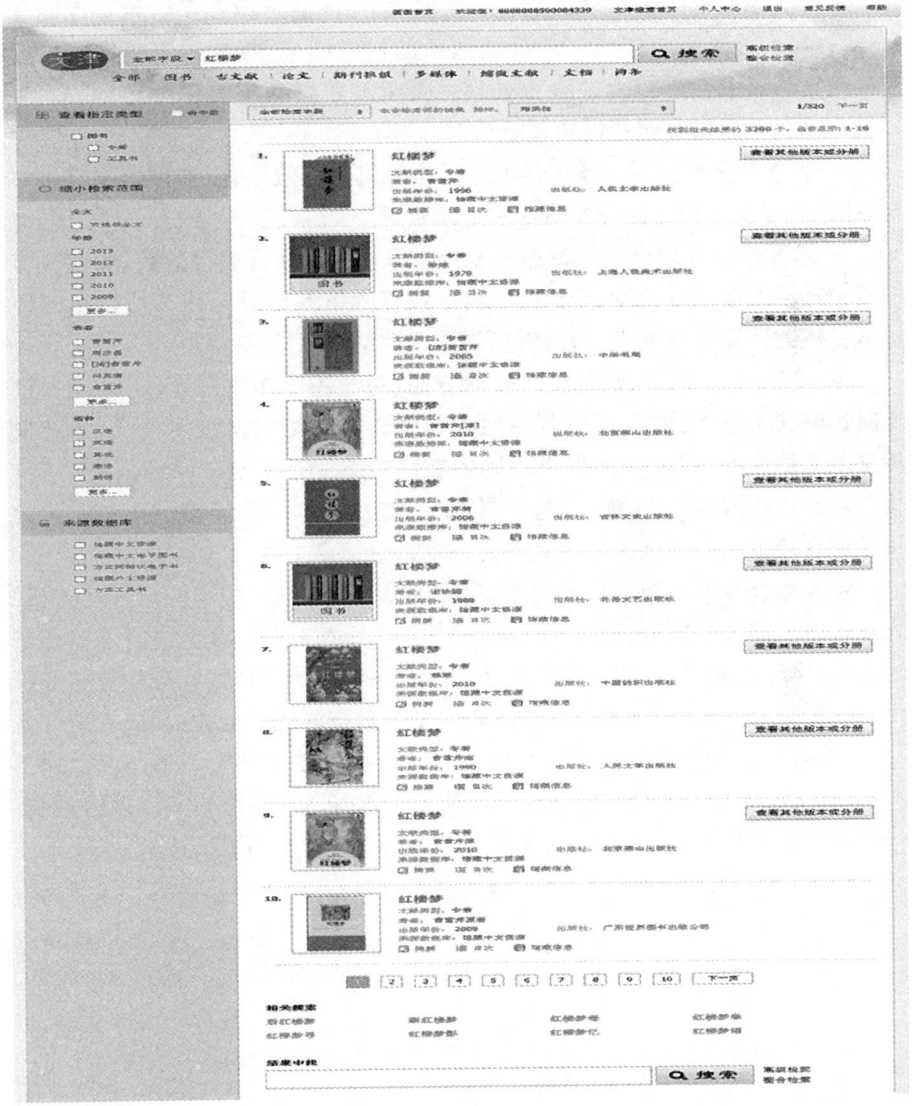

图 34　检索结果页

• 资源的整合　文津搜索系统是基于元数据仓储建设的，该元数据仓储已经收集元数据2亿多条，既包括国家图书馆的资源，又包括部分图书馆界的资源；既包括实体资源，又包括数字资源；既包括自建资源，也包括外购资源等。由于文津系统的资源来自上百个数据库，相同的资源在多个数据库的现象比较普遍，为给用户提供一个简洁清晰的检索结果，相同的资源在文津搜索的检索结果中会进行合并去重处理。关于元数据仓储的建设详见“3.4.4 推广工程元数据仓储建设实例分析”。

• 版本的整合　对印本资源和电子资源进行有效整合，提供馆藏信息和在线阅读，便于用户选取印本资源和电子资源。

• 馆藏信息的整合　文津搜索系统整合了全国联合编目的数据，在文津搜索中提供的馆藏信息等同于联合编目系统的馆藏信息。读者可以很方便地从提供的馆藏信息列表中，查看所需图书馆的馆藏信息。

• 服务的整合　在资源统一获取方面，对于图书馆物理馆藏，系统提供实时馆藏状态查询，可以具体到单册的状态。对于图书馆数字资产，系统根据来源数据库的不同，分别提供不同的在线查看“全文”或“详细信息”的链接。对于远程资源（如Google电子图书、豆瓣书评等），系统提供全文阅读的链接或在检索结果详细页中嵌入对方的书评等信息。

资源整合在图书馆界已经开展多年，国家图书馆通过OPAC对传统馆藏资源进行了整合与揭示，通过Metalib联邦检索系统对数字资源进行了整合与揭示，而文津搜索系统，由于其收集了OPAC系统中的元数据和各种数字资源内的元数据，因而实现了书目数据与电子资源数据的无缝融合，并进行了重新呈现，跨越了传统图书馆和数字图书馆的界限，是传统与数字图书馆融合的一次成功尝试。经过一年来的实践证明，基于元数据仓储整合的文津搜索系统，给读者带来更为“简单、快速、易用、有效”的检索体验，受到了读者的欢迎。

5　总结

资源建设是图书馆的基础业务工作，也是图书馆为社会提供服务的基础。随着信息技术的快速发展，图书馆数字资源建设突飞猛进，由于商业资源的趋同性，使得图书馆自建资源越来越受到重视。

本书在对国家图书馆及省级图书馆自建资源调研的基础上，归纳总结了自建资源的基本概念及图书馆自建资源建设情况与特点。总体来说，图书馆重视自建资源的开发，所开发的自建资源普遍具有较高的价值。但由于缺乏整体的规划，自建资源加工制作等各方面都没有统一的标准，从而导致信息孤岛的情况比较严重，对各种自建资源进行有效的整合已成为图书馆进行资源开发与服务的重要前提工作。

资源的整合包含资源的组织和聚合两个方面的内容，组织与聚合互为支撑，最终是使各种分散的资源形成一个高效能的数字资源体系，从而便于管理、利用与服务。对资源的整合包括文献级和内容级两个层次的整合，文献级的整合可以实现对馆藏实体文献内容的揭示，以及建立实体文献与数字文献的关联等。内容级的整合是对文献内容的挖掘，抽取文献中的知识点，并构建多维的知识关联，实现知识的拓展与创新。

资源整合的技术实现方法有很多种，对不同类型资源、不同的整合需求会有不同的技术实现方法，本书主要介绍了图书馆进行资源整合时常用的技术方法，包括元数据技术、链接技术、跨库检索技术、元数据仓储技术等。其中元数据技术是资源整合最基础的技术之一，不论是对资源的组织还是对资源的聚合都离不开元数据这一重要内容；而链接技术、跨库检索技术和元数据仓储技术则更侧重于对资源的聚合。

资源整合的方式也多种多样，常见的有网络信息导航、专题数据库、基于OPAC的整合和基于统一检索平台的整合等。其中网络信息导航适用于对网络资源的整合，专题数据库适用于对图书馆通过各种方式所获取到的未经有效组织的数字资源的整合，这两种方式更多侧重于对资源的有效组织。基于OPAC的整合和统一检索平台的整合比较适合已经建立有数据库，需要对各种数据库进行深入整合的情况，这两种方式更侧重于对资源的汇聚。

总体来说,整合技术和整合方式是资源整合的不同层面,同一种整合技术可以应用于不同的整合方式,相同的整合方式也可以采用不同的整合技术。为了便于对资源整合的理解,本书从整合技术和整合方式两个角度分别对自建资源的整合进行了阐述。

本书主要基于已经完成的工作来撰写的,因此重点阐述的是目前的整合工作。未来,自建资源的整合还应加强以下几个方面的工作。

(1)加强知识整合

自建资源整合过程中,最常见的方式是对各种异构数据库进行合并,并在此基础上揭示不同资源系统中信息实体之间的关系,一般整合的深度仅停留在信息实体层面,没有揭示信息实体内部的概念和语义,即前文整合层次中所述的对文献整合。而现实中,用户所希望的已经远远超越对文献的获取,他们越来越希望图书馆能提供相应的知识服务,对内容的整合,即知识的整合已成为图书馆资源整合的发展趋势。

知识整合的主要对象是内在于知识体系中的知识结构的概念及关系。知识体系是人类认识世界的成果结晶。知识体系不是各种知识内容的汇集,而是相互间具有逻辑联系、具有一定层次结构的。结构性是知识体系的基本性质①。

对知识的整合,可以通过对受控词表进行互操作提高词表兼容性的方法,实现在异构受控词表间实现知识的交换、共享、重用。通过数据挖掘技术,对文本进行自动分析,自动对其知识点进行识别、抽取与整合,通过构建领域本体实现基于知识的自动推理与自动分类。通过数据分析技术,对多种潜在的关联关系进行揭示,从而提供多维的知识关联等。

(2)引入规范数据

规范控制(Authority Control)的定义为:为确保标目在检索款目及书目系统中的唯一性和稳定性,而建立、维护、使用规范款目和规范文档的工作过程②。图书馆进行规范控制的方式主要是采用规范文档对书目记录的检索点(标目)进行规范化的校验,以保证目录体系中标目的一致性和唯一性。书目规范控制包括名称规范、主题规范。随着数字资源被纳入图书馆整合与保存的范围,规范控制的作用也不再限于书目控制与书目检索,在数字环境下,规

① 马文峰等. 基于知识的资源整合[J]. 情报资料工作,2007(1):51-56.

② 黄俊贵. 规范控制概说[J]. 高校图书馆工作,1999(3):1-8.

范数据逐渐被应用到知识组织工具(如本体)的构建等领域中,从而更好地发挥其作为图书馆知识产品的价值。

图书馆自建资源涉及历史、文化、艺术等众多领域,因此处于不同时空范围的人名、地名等成为元数据需要揭示的重要信息。名称规范数据的应用将能有效地实现知识检索与关联。由于目前规范数据多是图书馆随着书目数据的建设而建设的,在自建资源中很少对人名、地名等进行规范,这就造成了对已建名称规范数据利用的瓶颈。因此各级图书馆在开展资源建设的同时,还要加强规范数据的建设。同时可以对国家图书馆已经建设20余年的名称规范进行先期试点,采取人工与机器相结合,将已完成规范控制的元数据作为基础,利用文本自动分析技术对其他元数据进行自动挂接,由本领域专家进行疑难问题的判断及自动挂接结果的审核,通过多个机构合作的机制完成对所有元数据的规范控制工作。

(3)重视用户参与

自建资源整合的优劣,很大程度上依赖于对原始资源揭示程度的深浅。对内容层级的深度标引其工作量是巨大的,远远超过图书馆所能承受之多。互联网的发展,提供了诸如标签、WIKI等用户参与的工具,而各种智能移动设备的出现,使用户参与越来越便利。用户的贡献将成为对文献内容挖掘的一个重要途径。图书馆可以充分利用用户的参与来加强资源的整合。如:给用户添加标签(Tag)的权限,加强对自建资源的深度标引,标签是一种有利于检索查找的关键词标记,可以将文章中的关键词或其他能标识文章含义的词组作为Tag来标记,Tag的加入不仅实现了信息的自我组织,还参与实现了与其他用户的互动,产生基于Tag的信息共享和组织。每一个标签相当于一个分类,资源根据不同的标签被组织到不同的分类或者主题之下,所有用户的资源不仅存在于一个共享平台,而且相同的标签还能聚合不同用户相同分类下的资源。这在美国国会图书馆与Flickr试点的“The Commons”项目中就有所应用,在这个项目中,美国国会图书馆将部分没有明确版权限制的照片在Flickr上开辟了专门的资源分享区域,通过加标签、评论和给照片注释三种方式作为交互的手段让用户参与。通过标签,用户可以分享图片,也可以提供一种迅捷的搜索渠道,通过评论和图片注释,用户可以加强对照片内容的理解。这些都有利于对资源的深入揭示,为日后进一步的整合打好基础。

增加分众分类法对资源进行揭示。分众分类法是在标签的基础上由用户群体定义的频率来确定某一信息资源的分类,可以对标签进行优化和控制，充分体现了集体智慧，作用相当于文献检索语言中的自由词。图书馆可以利用分众分类的优势，结合分众分类对传统的主题词表进行补充。

开展WIKI形式的知识共享。WIKI是指一种多人在网上协同创作的知识共享模式①，即就某一知识内容，多人参与写作、编辑、维护。图书馆可以赋予某些用户相应的权限，使用户能够参与到资源的建立、维护，相关关联关系的确认等。

(4)开展可视化展示

图书馆自建资源涉及面广、内容丰富，单纯以文本的形式进行展示不能满足用户不同的需求，尤其是当存在大量数据时，文本的方式非但不清晰明了，而且也不能让用户发现其中的规律，不利于为用户提供知识服务。

可视化技术能够将信息和知识转化为视觉表达形式，有助于对隐藏在信息内部的特征和规律的发现。在自建资源整合过程中，可视化技术能够更好地帮助人们解构、表现、利用知识，是知识聚合的重要工具，主要可应用在整合结果的可视化展示。

自建资源整合的目的是为用户提供知识服务，因此必须将整合所产生的知识、建立的知识关联展示给用户。展示的目的是体现资源聚合的立体多维关联及知识脉络，展示的范围包括知识导航、知识检索的过程及结果。为了发现知识之间的潜在关联，可以利用可视化工具生成分布式的多维图表。如对地方特色资源来说，时间、空间是对知识展示的两个最重要的维度。在时间维度上，可以关注不同的时间点发生的各种事件，建立历史演示系统，以可交互的历史年表等可视化图，呈现历史事件的发生规律、发展趋势、时间密度等。在空间维度上，可以关注同一区域的历史变迁，建立地理信息系统，以地理空间可视化，将复杂的空间和属性数据以地理信息的形式展现出来，反映人类社会发展历程、记录民族变迁和融合、记录人们生活环境的发展变化等。

---

① 图书馆2.0工作室．图书馆2.0：升级你的服务[M]．北京：北京图书馆出版社(今国家图书馆出版社)，2008：131.

附录　省级公共图书馆自建资源列表①

图书馆名称	资源名称	资源简介	权限
首都图书馆②	首图动漫在线	是首图自主研发、拥有全部知识产权的原创动漫短片库	局域网
	北京记忆	“北京记忆”是以首图近百年馆藏为依托的北京历史文化资源性网站	局域网
	VOD 视频点播	以首图馆藏音像资料为基础建设的视频点播系统,可通过局域网在线观看超过 1600 部电影、电视剧、纪录片	局域网
	首图讲坛资源库	首图精心打造的文化服务品牌,现有六大常规板块:乡土课堂、尚读沙龙、健康课堂、上品课堂、特别策划、成长课堂	互联网
	古籍插图库	由首图馆藏古籍文献中拣选制作,共计古籍插图数据 1.5 万条,每条数据包括插图全文影像和内容标引	互联网
天津图书馆	津门曲艺③	介绍天津地方曲艺,包括曲种大观、曲艺知识、曲坛轶事、理论研究、相关机构、演出场所、名家名角、获奖作品等栏目	互联网
	名人故居④	介绍曾在天津居住的知名人士故居及相关事件,分建筑风格、人物介绍、历史事件、历史故事、相关文献栏目	互联网

① 资料来源于各公共图书馆网站,访问日期 2013 年 10 月。

② http://www.clcn.net.cn/modules/resources/index.php? cat_id = 4.

③ http://www.tjwh.gov.cn/yswt/ysbl/dfqy/difangquyi.htm.

④ http://www.tjwh.gov.cn/shwh/lywh/mrgj/MRGJ.htm.

续表

图书馆名称	资源名称	资源简介	权限
天津图书馆	天津民俗①	介绍了天津生产、商业、家族、居住、饮食、服饰、交通旅行、岁时节日、人生礼仪、民间组织、民间信仰、民间工艺美术、民间音乐舞蹈、民间游艺和竞技、语言文学、民间戏曲等方面的民俗	互联网
	京剧音配像②	413条京剧音配像作品，链接下还有天津地方戏曲61条	互联网
	文化讲座③	包括文化大讲坛、历史文化行、图书馆继续教育、戏曲艺术知识、天津建城600周年五大部分内容	互联网
	非物质文化遗产④	介绍第一、二批国家级非物质文化遗产名录、天津市属国家级非物质文化遗产、天津市非物质文化遗产	互联网
	农业科技⑤	106条农业栽培技术、动物饲养管理视频	互联网
	天津地方志⑥	该库是天津图书馆将所珍藏的天津地区善本方志和史籍进行数字化加工，制作成《天津图书馆藏地方史志丛书》全文库	局域网
	文化艺术志⑦	主要内容为《天津通志·文化艺术志》，是《天津通志》的一部重要分志，由天津市文化局承修，市地方志编修委员会办公室总编纂；分戏剧、曲艺、杂技、音乐、舞蹈、美术、电影、图书馆、群众文化、文化娱乐场所、音像、对外交往与交流、文化行政管理机构、人物等栏目	互联网

① http://www.tjwh.gov.cn/shwh/mjwh/minsu/index.htm.

② http://ziyuan.tjl.tj.cn/DlpAPP/Default.aspx? nodeint=0.

③ http://www.tjwh.gov.cn/shwh/whjz/wenhuajiangzuo.html.

④ http://www.tjwh.gov.cn/shwh/fwzwhyc/whyc.html.

⑤ http://ziyuan.tjl.tj.cn/DlpAPP/Default.aspx? nodeint=0.

⑥ http://dlibrary.tjl.tj.cn/dfz/dfz1.htm.

⑦ http://www.tjwh.gov.cn/whysz/whysz-index.html.

续表

图书馆名称	资源名称	资源简介	权限
天津图书馆	旅游文化①	介绍天津旅游景点和旅游服务的资源，主要包括自然风光、名庙名寺、人文景点、古街文化、博物馆、旅游服务等内容	互联网
	馆藏天津地方民俗②	该库是天津图书馆特将本馆收藏的有关天津地方民俗的书籍进行数字化加工，制作成《馆藏地方民俗》全文库（为便利读者使用，所有文字均为简体，格式按照原书照录，并提供全文检索）	互联网
	天津抗战记事③	包括前言、人物库、历史纪事库，其中人物库包括抗日英雄、抗战人士、敌伪日特；历史纪事库包括“九一八事变”前后、“七七事变”后的天津，全民抗战，中国共产党领导下的抗日战争等几部分内容	互联网
	津门群星④	“津门群星”从天津图书馆珍藏的各类文献和当今互联网各类资源中撷取了 200 余位在天津历史上有影响的各界人物简介资料；收录的天津名人或生于斯、长于斯，或虽非土生土长，但他们都在天津干出了一番事业，在天津乃至中华民族的发展历程中产生过重大影响，为大家耳熟能详	互联网

① http://dlibrary.tjl.tj.cn/tjly/tjly.htm.
② http://dlibrary.tjl.tj.cn/dfzqw/mly.htm.
③ http://dlibrary.tjl.tj.cn/tjkzjs/index.htm.
④ http://dlibrary.tjl.tj.cn/jmqx/jmqx.htm.

续表

图书馆名称	资源名称	资源简介	权限
天津图书馆	居留民团史料①	1902年,日本帝国主义为了实现其在天津建立侵华基地的战略意图,在天津筹建了日本租界局,后更名为“居留民团”,为日本对天津进行政治、经济、文化侵略的桥头堡,在日本侵华战争中“居留民团”还曾扮演了在津日军后勤重要供应者的角色;数据库所收的文献都是“天津日本居留民团”自己出版专供日本人参阅的,资料原版均为日文;为真实反映文献本来的面貌,我们在进行数字化加工时依据原书扫描,原样发布,未做任何删改,每本书还提供了PDF文档文件,以方便读者既可一览原书原貌,又可进行集中阅览查询	互联网(标准格式及PDF)、局域网(高清扫描)
	环渤海经济区②	介绍了环渤海经济区的区域概况、基础设施、园区建设、高等院校、文化概览、发展规划、经济指标、区域动态、发展论坛等方面的内容	互联网
河北省图书馆	冀图讲坛③	分讲座预告、讲座报道、讲座文稿、讲座视频栏目;其中讲座文稿对主讲人及讲座内容进行了简单的介绍,视频可通过互联网提供服务;视频资源未提供元数据,页面以浏览方式呈现	互联网
	皇家陵寝④	介绍清东陵、清西陵的视频资源28集;元数据包括主题、语种、摘要、关键词、出版地、制作者、创建日期、声道语种、资源类型、剧情介绍	互联网

① http://dlibrary.tjl.tj.cn/rbwk/2-1-w.htm.

② http://dlibrary.tjl.tj.cn/hbh/hbh.htm.

③ http://www.helib.net/dzyd/node_271.htm.

④ http://jtxh.helib.net/zy/hjlq/index.htm.

续表

图书馆名称	资源名称	资源简介	权限
河北省图书馆	文化旅游①	介绍隆兴寺、娲皇宫、正定文庙、赵州桥的视频，共计 24 集；元数据包括主题、语种、摘要、关键词、出版地、制作者、创建日期、声道语种、资源类型、剧情介绍	互联网
	河北戏曲②	介绍河北戏曲，包括保定老调、定州秧歌、二人台、哈哈腔等 12 种；元数据包括主题、语种、摘要、关键词、出版地、制作者、创建日期、声道语种、资源类型、剧情介绍	互联网
	红色旅游③	包括西柏坡、地道战、华北人民政府、李大钊、华北烈士陵园、129 师旧址、狼牙山五壮士等共 11 个视频；元数据包括主题、语种、摘要、关键词、出版地、制作者、创建日期、声道语种、资源类型、剧情介绍	互联网
	河北古建筑④	介绍河北境内包括：正定、赵县、易县、定州、安国、怀来、巨鹿、蔚县、宣化等 9 个历史名城，18 个视频；元数据包括主题、语种、摘要、关键词、出版地、制作者、创建日期、声道语种、资源类型、剧情介绍	互联网
	民间遗产⑤	河北民间故事及河北谚语，共 40 个视频；元数据包括主题、语种、摘要、关键词、出版地、制作者、创建日期、声道语种、资源类型、剧情介绍	互联网

① http://jtxh.helib.net/zy/whly/index.htm.
② http://jtxh.helib.net/zy/hbxq/index.htm.
③ http://jtxh.helib.net/zy/hsly/index.htm.
④ http://jtxh.helib.net/zy/hbgjz/index.htm.
⑤ http://jtxh.helib.net/zy/mjyc/index.htm.

续表

图书馆名称	资源名称	资源简介	权限
河北省图书馆	河北杂技①	介绍河北杂技，包括杂技世家、吴桥县杂技团、江湖八大怪等20个视频；元数据包括主题、语种、摘要、关键词、出版地、制作者、创建日期、声道语种、资源类型、剧情介绍	互联网
	手工技艺②	介绍河北剪纸、武强年画、邢窑、定窑、磁州窑等共44个视频；元数据包括主题、语种、摘要、关键词、出版地、制作者、创建日期、声道语种、资源类型、剧情介绍	互联网
	唐山皮影③	介绍唐山皮影戏36个视频，元数据包括主题、语种、摘要、关键词、出版地、制作者、创建日期、声道语种、资源类型、剧情介绍	互联网
山西省图书馆	地方特色资源库④	包括非物质文化遗产、山西戏曲、赵树理、文源讲坛、一方水土、三晋英才在四方、山西历史地名、山西人物名录、省外看山西、山西经济事件、山西家谱、谱牒资料库、馆藏地方文献、《山西日报》地方稿索引、馆藏地方志书目提要、馆藏山西文史资料篇名、山西文献书目提要、大赛文献题录、图书馆学文摘数据库等子库；其中一部分为共享工程工共建资源，一部分为馆藏文献的书目数据，谱牒资料库收录的为数字化全文，在局域网使用	互联网

① http://jtxh. helib. net/zy/hbzj/index. htm.

② http://jtxh. helib. net/zy/sgjy/index. htm.

③ http://jtxh. helib. net/zy/tspy/index. htm.

④ http://lib. sx. cn/html/1/resources. html.

续表

图书馆名称	资源名称	资源简介	权限
内蒙古图书馆	内蒙古文化艺术①（联建）	蒙古族文化艺术资源库对蒙古族舞蹈、蒙古族音乐、蒙古族服饰、蒙古族文化、乌兰牧骑等内容进行了全面的介绍，通过文字、图片以及音视频多种方式，展现了蒙古族独特的草原文化和艺术魅力，提供标题及全文的检索	互联网
	内蒙古草原风情②（联建）	内蒙古草原风情旅游资源库以内蒙古9个地级市、3个盟为划分单位，全面反映了内蒙古丰富的旅游文化资源；资源库在12个盟、市下分别设置了旅游城镇、景区景点、旅游节庆、民俗文化4个二级栏目，每一个二级栏目都设有图片和视频资源，内容主要包括旅游城镇、景区景点、旅游节庆、民俗文化；值得一提的是资源库中民俗文化资源多姿多彩，包括了蒙古族、鄂温克族、鄂伦春族、达斡尔族和其他具有地方特色的民俗文化资源；通过文字、图片以及视频等多种方式对内蒙古的旅游资源进行了全面介绍，全景式地展现了内蒙古的旅游资源和独特的草原风情，提供标题及全文的检索	互联网
	农牧业实用技术③（联建）	内蒙古农牧业实用技术资源库通过文字、图片以及视频多种方式将适合内蒙古地区的农牧业的相关政策法规、农牧产品的规范标准、农牧业实用技术、内蒙古的草业，以及新农村、新牧区的建设进行了资源整合，为广大农牧民提供实用的相关信息资源，提供标题及全文的检索	互联网

① http://www.nmgcnt.com/nmgwhyszyk/index.html.

② http://www.nmgcnt.com/nmgcylvztsjk/index.html.

③ http://www.nmgcnt.com/nmgnmyztsjk/index.html.

续表

图书馆名称	资源名称	资源简介	权限
内蒙古图书馆	文化名人作品集①（联建）	草原文化名人作品集从书法、摄影、绘画、雕塑、篆刻五个方面展现了草原文化名人的经典作品	互联网
	内蒙古文物博览②（联建）	内蒙古自治区共有国家级重点文物保护单位79处，自治区级重点文物保护单位313处，旗县级重点文物保护单位700余处，不可移动的文物古迹总数达1.5万余处；全区拥有39座博物馆，馆藏文物50万件（套），其中，国家一级文物达1562件；内蒙古文物博览资源库整合了文博场馆、遗址墓葬、古代建筑、长城岩画、近现代文物、精品文物等几方面的资源，充分展现了内蒙古丰富的文博资源	互联网
	特色馆藏文献数据库③	特色馆藏文献数据库为内蒙古图书馆自建的特色馆藏电子图书，包括了蒙文文献和汉文文献，提供电子书全文的在线阅读，可通过书名、出版日期、责任者、出版社、ISBN、中图分类号、内容简介、定价等检索点进行检索；元数据包含题名、题名拼音、ISBN、责任者、出版社、出版时间、载体形态、从编题名、主题词、中图分类号、内容提要等多个字段	互联网
上海图书馆	上图展览④	上海图书馆紧抓社会热点，策划了一系列精品展览，如美丽中国摄影艺术展西部篇（甘肃、青海、宁夏、陕西、西藏摄影展）；连续四届“读书乐”全国摄影比赛、中国四大名园摄影展；“我看上海世博会”摄影大赛等；并通过策划这一系列展览，收藏了2000余幅艺术佳作，通过网上展厅栏目进行展示	互联网

① http://www.nmgcnt.com/nmgwhxxw/whgcgctszy/cywhmrzpztsjk/mszpjsy/index.html.

② http://www.nmgcnt.com/nmgwhxxw/whgcgctszy/nmgwwblztsjk/wwblsy/index.html.

③ http://www.nmgcnt.com/nmgwhxxw/whgcgctszy/e_ltr/home/.

④ http://www.library.sh.cn/dzyd/stzl/.

续表

图书馆名称	资源名称	资源简介	权限
上海图书馆	上图视频①	内容包括上图讲座、上海数字文化网等视频资源	互联网
	上海年华	“上海年华”大型多媒体数字化资源库由上海图书馆、上海科学技术情报研究所研发，是以上海开埠以来的地方史精华为主题、以政治史和经济史为背景、以社会史和文化史为主脉、以多媒体数字化为表现形式、以馆藏文献为基础的系统性文献资源集成；其特点是以时为经，以人、事和物为纬，汇聚多种子资源库，多维度、多层次地展现上海的时代风貌和地域特征，上海年华包含多个子库	互联网
	上海：融入世博的精彩历史②	分世博记忆、参展珍闻，以图片和文本的形式记录1949年以前我国在十余届世博会上的历史；世博记忆汇聚呈现一批世博会场、各国尤其是中国的展馆和展品的照片及相关文献书影；参展珍闻以文本内容为主，以人、事、物为主题概念，分篇讲述中国在世博会历史上值得一书的人物、事件及事物，以浏览方式为主，不提供检索	互联网
	上海图书馆馆藏抗战图片库③	为纪念我国抗日战争胜利60周年而创建，以馆藏图片形式展现上海抗战历史，图片选自馆藏20世纪30至40年代的中外文献，分别以地点、人物、时间、主题、事件为主轴整合资源	互联网

① http://vod. library. sh. cn/.

② http://expo. library. sh. cn/.

③ http://memoire. digilib. sh. cn/SHKZ/.

续表

图书馆名称	资源名称	资源简介	权限
上海图书馆	电影记忆 & 图片上海①	2005 年正式发布“电影记忆”资源库，推出“中国现代电影期刊全目书志”和“中国电影明星录”两项，以电影明星为线索，通过文字图片、音频视频介绍旧电影，图文并茂、声影再现，原汁原味地提供真实的语境，营造当年的氛围；“图片上海”发掘和整理上海图书馆馆藏的地方文献中的图片资源，经数字化后，将图片解析成各类“元数据”信息，形成各种穿插关联，从而完成对图片多角度、多层次的解读	互联网
	特色馆藏文献与服务②	包括会议录文献资源收藏与服务、地图资源收藏与服务、围棋棋谱资源收藏与服务、传记类文献资源收藏与服务、桥牌文献资源收藏与服务、党史党建文献资源收藏与服务、化学化工文献资源收藏与服务、馆所日文文献资源收藏与服务、外观设计文献资源收藏与服务、上海图书馆西文乐谱资源、百科全书资源收藏与服务、德语文献资源（歌德学院）收藏与服务、年鉴名录文献资源收藏与服务、特种文献之专利、经济类文献资源收藏与服务、体育文献资源课题调研、法律法规文献利用指南	互联网
	馆藏精选③	分为古籍览胜、遗墨留真、碑帖菁华、近代珍籍、西文拾贝几部分，汇集馆藏历史精品	互联网
	留学指南④	上海图书馆留学指南专栏收集了大量有关留学指导方面的图书、资料，并制作了香港专题、澳门专题	互联网

① http://memoire. digilib. sh. cn/SHNH/.

② http://www. library. sh. cn/tsgc/tsfw/.

③ http://www. library. sh. cn/tsgc/gcjx/.

④ http://www. library. sh. cn/tsgc/lxzn/.

续表

图书馆名称	资源名称	资源简介	权限
山东省图书馆	中国共产党建党九十周年专题库①	通过图片、视频、文字等形式展示了中国共产党的诞生历程	互联网
	网络会展②	分会展资讯、鲁图精粹、翰墨丹青、光影瞬间、万象博览几部分	互联网
	齐鲁人文③	分齐鲁风情(历史名园、诗画山东、齐鲁民俗、齐鲁老字号、齐鲁旧影)、齐鲁文献(山东地方文献索引、山东各级文史资料目录),前者多为图片,后者为资料目录	互联网
	山东省图书馆古籍珍本数据库④	内容包括百年鲁图历程、古籍、齐鲁旧影三部分,提供古籍的在线全文阅读	局域网(IP)
	山东省地方文献数字图书馆⑤	需在 IP 许可范围内访问	局域网(IP)
	齐鲁文化世博行⑥	包括世博知识、世博动态及山东馆介绍等内容	互联网
	山东省地方法规数据库⑦	到 2008 年止的山东省地方法规 1903 条,包括颁布机构、颁布日期、实施日期	互联网

① http://www.sdlib.com/library/jshzhn/content/index.html.

② http://www.sdlib.com/channels/ch00061/.

③ http://www.sdlib.com/channels/lsmy2/.

④ http://124.133.52.180/usp.

⑤ http://124.133.52.168/bookhtm/.

⑥ http://124.133.52.143/sdlibgq/.

⑦ http://124.133.52.156:8080/iu/search? channelid=27166.

续表

图书馆名称	资源名称	资源简介	权限
山东省图书馆	山东省非物质文化遗产库①	包括民间文学、民间美术、民间音乐、民间舞蹈、戏曲、曲艺、民间杂技、民间手工技艺、消费习俗、岁时节令、民间信仰、传统中医药、传统体育与竞技等内容，可按项目名称、传承人、申报地区进行检索	互联网
	深入学习实践科学发展观②	内容包括有关科学发展观的重要文件、理论解读、学习心得及各种视频	互联网
	地震专题信息平台③	内容包括“5・12 汶川地震”相关信息、地震知识、震后重建及中国地震信息网链接	互联网
	山东政务信息公开导航平台④	山东省政府及各市的政府机构网站、政府信息公开栏目的导航	互联网
	和谐齐鲁精彩全运⑤	2009 年山东全运会专题	互联网
	山东民间彩印花布数据库⑥	山东彩印花布以奇异的艺术形式、独特的面貌、古朴而浓艳的风格见长，彩印图案内容多取材于吉祥的故事与传说，它继承了汉画像石的特色，以平视与散点透视为主，构图饱满、色彩艳丽、对比强烈、质朴豪放，具有浓郁的乡土气息，被国家文化部命名为“中国民间文化艺术一绝”	互联网

① http://www.wenhua.sd.cn/culture/bequest/web/index.jsp.

② http://www.wenhua.sd.cn/culture/science/web/index.jsp.

③ http://www.sdlib.com/library/web/gg.htm.

④ http://www.wenhua.sd.cn/zwgksj/webshandong/index.html.

⑤ http://www.wenhua.sd.cn/qydata/.

⑥ http://124.133.52.156:8080/iu/sdcyhb/index.htm.

续表

图书馆名称	资源名称	资源简介	权限
山东省图书馆	纪念“五三惨案”80周年专题网站①	山东省图书馆数字资源加工中心和地方文献资料中心利用馆藏文献资料联合制作了“五三惨案”专题网站,这些图片和文字真实地再现了1928年5月3日那惨烈的一幕,记述了泯灭人性的日本侵略者在“五三惨案”中的禽兽暴行	互联网
南京图书馆	红色记忆②	2276幅红色革命相关图片,每幅图片有简单的介绍	互联网
	百年商标③	981幅老商标图片,按照不同产品进行分类浏览	互联网
	老商标老广告数据库④	民族工商业在起步时期即已经非常重视文化品牌的塑造,老商标和老广告从多侧面、多角度描绘出时代潮流、民生百态和工商文化的风貌,共644幅,按照编织服装、食品烟酒、医药保健、日用化工、民俗民风、文化娱乐、商业金融、机械器用等进行分类浏览	互联网
	江苏文化数据库⑤	致力于对江苏省优秀文化资源的挖掘、整理、开发、利用,网站资源表现形式多样、视音频内容丰富、地方特征鲜明;目前已初步建成了包括“人物数据库”“作品数据库”“旅游数据库”“文化民俗数据库”等12个江苏特色文化信息资源数据库	互联网

① http://124.133.52.156:8080/iu/53can/index.htm.

② http://www2.jslib.org.cn/was5/web/search? channelid=25923.

③ http://www2.jslib.org.cn/was5/web/indexsh.htm.

④ http://www2.jslib.org.cn/was5/web/lsbindex.htm.

⑤ http://www2.jslib.org.cn/was5/web/jswh.htm.

续表

图书馆名称	资源名称	资源简介	权限
南京图书馆	中国近代文献图像数据库①	6652幅中国近代图片，按照政治、军事、经济、人物、民国广告、文化、教育、法律、科技、民国建筑、民国风俗、宗教、医药卫生、体育、历史地理等进行分类浏览	互联网
	中华民族风情数据库②	包括民族服饰、风光建筑、民俗民风、文化艺术、民族介绍等几部分内容	互联网
	中外文学名著插图数据库③	名著插图，附名著简介，分别按照中国文学与外国文学进行浏览	互联网
	奥运图像数据库④	以图片形式介绍了奥运标识、奥运盛典、奥运赛场、奥运赛事、奥运名人、中国古代至现代的体育运动、古代奥林匹克运动等，并有历届奥运会图片	互联网
	中国古代体育图片库⑤	中国传统体育图片，分球类运动、水上运动、跑跳运动、投掷、举重、角力、杂技、棋艺、武术和导引、娱乐运动、节日活动及其他	互联网
	百年艺苑⑥	图片数据，包括国画、漫画、西洋画、雕塑、书法、版画、金石、摄影和综合类共2800幅	互联网
	纪念徐悲鸿诞辰110周年⑦	介绍徐悲鸿的生平和艺术，包括悲鸿生平、悲鸿画论、作品欣赏、评论、收藏品、纪念馆	互联网

① http://www2. jslib. org. cn/was5/web/index. htm.

② http://www2. jslib. org. cn/was5/web/fq. htm.

③ http://www2. jslib. org. cn/was5/web/ct. htm.

④ http://www2. jslib. org. cn/was5/web/aoyun. htm.

⑤ http://www2. jslib. org. cn/was5/web/tiyu. htm.

⑥ http://www2. jslib. org. cn/was5/web/search? channelid = 27112.

⑦ http://www. jslib. org. cn/pub/njlib/njlib_xbhzt/.

续表

图书馆名称	资源名称	资源简介	权限
南京图书馆	100位新中国成立以来感动中国人物①（共享工程）	雷锋、赖宁等人物事迹59条	互联网
	100位为新中国成立作出突出贡献的英雄模范人物②（共享工程）	瞿秋白、董存瑞等人物事迹76条	互联网
	江苏省五星工程数据库③	江苏省群众文艺创作“五星工程奖”是由江苏省文化厅设立，旨在促进全省群众文艺创作进一步繁荣发展；所谓“五星”，是指在群众文艺活动中涌现的音乐、舞蹈、美术（含书法、摄影）、戏剧（含曲艺、小品）、文学等五个方面的文艺精品；该数据库整合了美术、摄影、音乐、舞蹈、戏剧、曲艺、理论研究等几方面的资源	互联网
	地方文献视频资源④	扬剧、锡剧、昆剧、苏剧等剧种视频248条	互联网

① http://www.jsgxgc.org.cn/jscnt_tssjk/jsgxgc_sbtwztts/jsgxgc_gdzgrw/index.htm.

② http://www.jsgxgc.org.cn/jscnt_tssjk/jsgxgc_sbtwztts/jsgxgc_wxzgcl/index.htm.

③ http://www2.jslib.org.cn/was5/web/jswx.htm.

④ http://yuangu.jslib.org.cn/dfwx/vprog_list/vprog_list_vclass_0_order_1_page_1.html.

续表

图书馆名称	资源名称	资源简介	权限
南京图书馆	抗日战争历史图库①	内容包括日本早期对华侵略、局部抗战、全面抗战、持久抗衡、日军侵华暴行、全民抗战、国际关系、光辉胜利、审判战犯、抗战文化、抗战人物、抗战大事记等，通过图像日期、图像地点、图像创建者、其他责任者、关键词、内容介绍等字段对图片进行描述	互联网
	百年人物②	人物照片：分政治、军事、经济、科学、文化、教育、体育、宗教、综合类共 3046 幅	互联网
安徽省图书馆	安徽馆藏文物③	作为全国文物大省的安徽，仅收藏在各级文博单位的可移动文物就达 55 万件之多，本数据库内容包括青铜器、陶瓷器、玉器、书画、杂项几部分	互联网
	安徽杂技④	包括杂技概述、杂技人物、杂技艺术、走向世界、视频欣赏等内容	互联网
	工艺美术⑤	介绍编织工艺、工艺雕塑、工艺画、金属工艺、漆器工艺、文房四宝、艺术陶瓷、织毯、工艺玻璃、刺绣与染织等工艺美术	互联网
	谱牒文献⑥	省图皮藏族谱 400 余种，3200 册；存世谱牒以徽州地区居多，约 100 个姓氏，部分族谱收入中国善本书目，多为明代所刊，无论质量、数量皆为本地区翘楚；本数据库介绍姓氏渊源、家谱知识、名家名谱的元数据，可按姓氏查询族谱	互联网

① http://www2.jslib.org.cn/was5/web/kkk2007.htm.

② http://www2.jslib.org.cn/was5/web/search? channelid=34789.

③ http://www.ahlib.com/ah/ahzb/index.html.

④ http://www.ahlib.com/ah/ahzj/index.html.

⑤ http://www.ahlib.com/ah/gongyimeishu/mulu.htm.

⑥ http://www.ahlib.com/ah/gjb/gcjp-index.htm.

续表

图书馆名称	资源名称	资源简介	权限
安徽省图书馆	徽派朴学①	内容包括清代徽派朴学介绍、学派名人介绍、馆藏著述、钤印雅集、名家翰墨展示、相关研究论文等	互联网
	安徽刻书②	分刻书家名录、墨海书香、梓室余墨、藏书印鉴、相关论文部分	互联网
江西省图书馆	江西非物质文化遗产资源库③	整合了曲艺、民俗、民间音乐、民间文学、民间舞蹈、传统戏剧、传统医药、杂技与竞技、传统手工技艺等方面的江西非物质文化遗产资源	互联网
	江西地方戏曲资源库④	介绍了赣剧、采茶戏、戏曲名家、经典剧目	互联网
	江西地方文献全文数据库⑤	该系统可检索地方文献数百万篇，并可免费提供文献远程传递服务；分最新文献速递、特色文献推荐、地方人士著述、赣版期刊专藏库、赣版报纸专藏库、江西地方志专藏、江西年鉴专藏、地方视频资料库、地方人物数据库、地方百科资料库、地方图片数据库、地方专利数据库、地方文献搜索引擎、地方文献征集栏目	互联网
浙江图书馆	家谱全文数据库⑥	浙江图书馆家谱全文数据库项目适合广大普通用户的实际需求，方便用户查询和续修家谱；实现人名查询、谱籍书目检索、站内数据全文检索，用户可通过书目检索导航、姓氏或地域分类查找书目，书目信息分项显示书目基本信息；谱籍阅读采用图/文对照方式，世系图表通过深度编辑还原为完整、直观的谱系结构树	局域网

① http://www.ahlib.com/ah/hppx/index.htm.

② http://www.ahlib.com/ah/ahks/index.html.

③ http://jxzyk.jxlib.gov.cn:4237/home/fwz/feiyi/index.html.

④ http://jxzyk.jxlib.gov.cn:4237/home/fwz/xiju/index.html.

⑤ http://dfwx.chaoxing.com/jxlib.aspx.

⑥ http://61.175.198.133:8080/library/userservlet? meth=login&number=zt&pwd=zt8798.

续表

图书馆名称	资源名称	资源简介	权限
浙江图书馆	风景浙江①	该数据库的内容几乎囊括了浙江每个市县(区)的旅游景点、当地最有特色的民风民俗、名优特产及不胜枚举的名人名家;不仅仅限于各旅游景点的介绍,更有众多和浙江山水紧密依存的人文地理信息	互联网
	名山古寺②	有关浙江省境内名山古寺介绍的数据库	互联网
	浙江藏书史③	介绍了浙江藏书史特点、藏书家、藏书楼等内容	互联网
	越剧资料库④	根据现有馆藏,收集、整理而成的越剧资料库,内容涵盖越剧发展史、越剧剧目、流派唱腔、越剧表演、越剧演员、越剧舞美等,并有部分视频、音频、图片	互联网
	中国历代人物印鉴数据库⑤	本数据库始建于2011年2月,旨在尽全收录我国历代知名人物印鉴;本数据库涵盖人物姓名及汉语拼音、字号别称、生卒年、籍贯、所属时代、藏书楼(室)名或斋号、印主肖像、简介、印鉴图形、印鉴释文、印鉴出处等内容,设立单项与全文智能检索,目前已收录人物2000余位,印鉴3万余方	互联网

① http://diglweb. zjlib. cn:8081/zjtsg/fjzj. htm.

② http://diglweb. zjlib. cn:8081/zjtsg/msgs1. htm.

③ http://diglweb. zjlib. cn:8081/zt/zjcss. htm.

④ http://diglweb. zjlib. cn:8081/zjtsg/yjzlk. htm.

⑤ http://diglweb. zjlib. cn:8081/zjtsg/zgjcj/index. htm.

续表

图书馆名称	资源名称	资源简介	权限
浙江图书馆	中国寺庙祠观造像数据库①	本数据库旨在尽全搜集荟萃星罗棋布于祖国各地寺庙祠观内造像(含已毁或流落海外者),涵盖神、佛、道、儒各等人物及中华始祖、历史名人;本数据库条目设置包括造像人物称谓、别称、简介、造像图片、供奉处(含地名与寺庙祠观名)、时代、品质描述(含制材如泥塑,金属、石、玉、木雕,夹纻法脱胎漆塑等)、尺寸、图像来源,具有多点智能检索功能	互联网
	外国名人图像数据库(上、中、下)②	该数据库始建于2003年4月,收录揭示遍及亚洲、欧洲、北美洲、南美洲、非洲、大洋州的外国名人图像资料,截至2004年6月,已收录名人1500余位,图像39 000余幅,人均20余幅,如:马列主义的主要创建人,诺贝尔奖所有得主,美国历届总统,英国全部国王、女王,第一、二次世界大战重要人物等的图像;数据库包括名人中文译名、英文姓名、生卒年代、生平事迹(含身份职业)、所属大洲、国籍、备注简介等款目,并同时设置为检索点,查检便捷;每位名人的有关图像资料亦进行多方位搜集,例如:科学家的发明实物图示,思想家、学者、作家著作的书影、封面和插图,画家、雕塑家、建筑师的主要作品,歌唱家、戏剧表演家、电影明星的演出剧照,将军指挥作战场面图片等	互联网

① http://diglweb. zjlib. cn:8081/zjtsg/zgsmcgzx/index. htm.

② http://61.175.198.133/pic1/article. asp.
http://61.175.198.133/pic2/article. asp.
http://ztwww. zjlib. net. cn/pic4/article. asp.

续表

图书馆名称	资源名称	资源简介	权限
浙江图书馆	浙江图书馆家谱数据库①	该数据库版本收录浙江家谱13 287种，其中浙江省12 775种，外省512种，总目提要本省6094种，外省512种，存目本省6681种；提供全文、题名、姓氏、谱籍、出版堂号、宗族堂号、责任者、版本、名人共九种途径的检索点；对每一姓氏家谱的谱主，系统地介绍了始祖、始迁祖、始修时间、卷目内容、支派排行字号、序、例、珍贵史料、本支名人、家谱保存者姓名、地址、迁出和迁居地等资料	互联网
	浙江省名山古寺旅游资源图库②	浙江省各县市山寺图片	互联网
	中国历代人物图像数据库③	收录中国历代人物5800余位、图像1万余幅，人物图像取自古籍插图、古近代画家绘画、石刻、家谱、壁画塑像、老照片等；具备智能检索功能，可按人名汉字及汉语拼音、所属朝代、生卒年、字号、籍贯以及身份、功名、业绩、著述等进行检索	互联网

① http://diglweb.zjlib.cn:8081/zjtsg/jiapu/zt_jp_out.jsp? channelid=91367&libCode=zjlib.

② http://diglweb.zjlib.cn:8081/zjtsg/msgs.htm.

③ http://diglweb.zjlib.cn:8081/zjtsg/mingren/index.htm.

续表

图书馆名称	资源名称	资源简介	权限
浙江图书馆	中国名人图像数据库(上、下)①	该数据库始建于2002年4月,收录揭示涵盖自远古、夏、商、周、秦、汉、三国、晋、南北朝、隋、唐、五代、宋(辽、金)、元、明、清、民国,直至现代,中华5000年文明史中有文字记载的名人图像资料(包括版刻、绘画、摄影、雕塑等),配有生平简介,截至2004年6月,已收录名人5600余位,图像16 000余幅;数据库包括名人姓名(汉字和汉语拼音)、生卒时间、身份功名(例如皇帝、大臣、发明家、文学家、学者、举人、进士、状元等)、字号别称、出生籍贯(含古今地名)、所属时代、图片说明备注等款目内容,并同时设置为检索点	互联网
福建省图书馆	闽南文化②	包括闽南艺术、闽南民俗、闽南宗教、闽南建筑、闽南饮食、闽南方言、闽南专题文献等内容	互联网
	福建省地方史志全文数据库③	收录4000余册地方志	互联网
	海西红土地党建信息库④	介绍了闽西革命根据地的创建和发展、中国共产党党史、福建省红色旅游经典景区介绍、基层党建、党史资料等内容	互联网
	福建文化记忆⑤	包括十大类别:曲艺、传统戏剧、民间舞蹈、民间音乐、民间文学、民俗、传统医药、传统手工技艺、民间美术、杂技与竞技;类型有图像、音视频、文章	互联网

① http://61.175.198.133/pics/.
http://61.175.198.133/pic3/.
② http://www.fjwh.net/mnwh/main.htm.
③ http://61.154.14.234:8080/BookLib/bookview.do? method = index.
④ http://www.fjwh.net/djxxk/index_1778.htm.
⑤ http://www.fjwh.net/fjfy/.

续表

图书馆名称	资源名称	资源简介	权限
湖北省图书馆	荆楚览胜①	分别介绍了武汉地区、鄂中地区、鄂东地区、鄂西地区的自然、人文景观	互联网
	荆楚名胜②	内容包括记叙楚文化、三国文化、名人文化、红色文化系列专题片	互联网
	湖北名人③	包括麻城将军名录、武汉市先模人物、艺术名人、荆楚群星	互联网
	荆楚民俗④	荆楚民俗专题资源库,反映湖北的民风民俗、民族文化、民间工艺,展示了湖北地区的风土人情,宣传了湖北的红色旅游文化,是对湖北民间文化的收集和保存,对民间手工艺和传统习俗的文献抢救起到了重要的作用	互联网
	湖北小吃⑤	数据库收集、整理了湖北各地的名小吃	互联网
	辛亥革命专题资源库⑥	内容包括辛亥革命简介、历程、人物、史料、文献等	互联网
	湖北民间故事⑦	神话、传说、故事、湖北民间故事讲述家、民间故事村伍家沟简介	互联网
	湖北茶文化⑧	介绍湖北茶的历史、种类、习俗、发展、茗士、茶具、种植等	互联网

① http://sp - op. library. hb. cn:9080/CommonServer/hb_scene. jsp.
② http://sp - op. library. hb. cn:9080/MediaResources/jingChuScenic. jsp.
③ http://hbgxgc. library. hb. cn/Article/hbmr/Index. htm.
④ http://hbgxgc. library. hb. cn//Article/jcms/Index. htm.
⑤ http://sp - op. library. hb. cn:9080/CommonServer/hb_snack. jsp.
⑥ http://hbgxgc. library. hb. cn/huodong/xinhai/index. htm.
⑦ http://hbgxgc. library. hb. cn/Article/hbmjgs/Index. htm.
⑧ http://hbgxgc. library. hb. cn/Article/hbcwh/Index. htm.

续表

图书馆名称	资源名称	资源简介	权限
湖北省图书馆	湖北谚语①	包括风土谚、工商谚、家庭谚、农林谚、生活谚、时政谚、事理谚、修养谚、自然谚	互联网
	湖北非物质文化遗产②	自2008年开始着手建设，以各地申报的材料为基础，收集并整理具有湖北省地方特色的民间文学、表演艺术、工艺技术、人生仪礼、岁时节日以及生产生活知识等文化遗产项目，内容涵盖了前两批入选国家级非物质文化遗产项目及部分省级非物质文化遗产项目，共计147项	互联网
	鄂垣访古③	武汉全省拥有国家历史文化名城5座（江陵、武汉、襄樊、随州、钟祥），国家级文物保护单位20处，省级历史文化名城4座（鄂州、黄州、荆门、恩施），省级文物保护单位达365处；本数据库介绍了武汉、荆门、黄梅、钟祥、京山、浠水、沙洋的历史古迹	互联网
	湖北旧影④	以照片形式反映湖北近现代历史，分湖北旧影和武汉旧影的近代时期照片	互联网
	湖北音乐文物⑤	包括乐器（陶响器、铃、铙等）、图像（乐俑、织锦、画像砖等）、曾侯乙墓专辑	互联网
	湖北民间美术⑥	介绍刺绣、布贴、木雕、竹雕、木版年画、剪纸、皮影、挑花、土锦、蓝印花布、陶器、糖塑、银饰等	互联网
	戏剧脸谱⑦	介绍地方戏脸谱、京剧脸谱、戏曲脸谱与民间美术	互联网

① http://hbgxgc.library.hb.cn/Article/hbyy/Index.htm.

② http://hbgxgc.library.hb.cn//Article/hbfwz/Index.htm.

③ http://hbgxgc.library.hb.cn/Article/ehfg/Index.htm.

④ http://hbgxgc.library.hb.cn/Article/hbjy/Index.htm.

⑤ http://hbgxgc.library.hb.cn/Article/hbyyww/Index.htm.

⑥ http://hbgxgc.library.hb.cn/Article/hbmjms/Index.htm.

⑦ http://hbgxgc.library.hb.cn/Article/xjlp/Index.htm.

续表

图书馆名称	资源名称	资源简介	权限
湖南图书馆	湖南地方戏剧①	包括剧种大观、戏剧人物、戏剧图片、戏剧知识、视频点播、剧目荟萃、戏剧研究、戏剧机构、唱词剧本、试唱曲谱、艺坛趣事等栏目	互联网
	湖南近代人物②	本资源库设立了湖南人物、人物专题、湘人文库、人物研究、图片集锦、影音作品六个栏目,具体涉及人物的生平简介、年谱年表、著述、文章、研究评论、字画手稿、史迹馆所、人物图片、影音作品及家族亲友、研究人员等方面,文献类型主要以全文类文献为主;详细介绍了数千位湖南近代著名人物的概貌及其著述、研究状况以及与其相关的人物,收录了大量的原始文献、研究文献,展示了与人物有关的视频资料等	互联网
	湖南红色记忆多媒体资源库③	湖南革命事件、杰出人物、纪念场所、革命文物等	互联网
	湖南非物质文化遗产资源库④	包括非遗项目(民间文学、传统音乐、传统舞蹈、传统戏剧、曲艺、传统体育、游艺与杂技、传统美术、传统手工技艺、传统医药、民俗)、传承人、研究文献等内容	互联网

① http://220.168.54.213:9080/was5/web/search?channelid=3880&templet=hndfxj/hndfxj.jsp.

② http://220.168.54.213:9080/was5/web/search?channelid=2123&templet=hnrw2008/hnjdrw2010.jsp.

③ http://220.168.54.213:9080/was5/web/search?channelid=11272&templet=hsjy/hsjy_index.jsp.

④ http://220.168.54.213:9080/was5/web/search?channelid=23746&templet=hnfy2011/hnfy.jsp.

续表

图书馆名称	资源名称	资源简介	权限
湖南图书馆	湖湘人物①	分别收集湖南古代人物、近代人物、现代人物	互联网
	馆藏字画②	湖南图书馆馆藏字画选,集合为电子书形式	互联网
	民俗民风③	湖南少数民族的分布、民族服饰、民族节日、民歌民谣、婚俗婚礼、民间传说、民族禁忌	互联网
	网上湖南④	湖南地方文献数据库(网上资源版)建于1999年,内容重点是搜集、整理因特网上有关湖南的政治、经济、历史、文化及人物等方面的各种信息资料,是湖南地方文献数据库的重要组成部分	互联网
河南省图书馆	豫图讲坛⑤	分讲座概况、讲座预告、嘉宾介绍、讲座回顾、讲座精选、讲座视频栏目	互联网
广东省立中山图书馆	缩微文献全文数据库⑥	首批提供广东省立中山图书馆馆藏缩微古籍、期刊、报纸文献约100万拍全文的检索、浏览及在线阅读	互联网
	潮汕文献书目⑦	潮汕文献书目,7102篇	互联网

① http://www.library.hn.cn/hxrw/.

② http://www.library.hn.cn/gczhx/.

③ http://www.library.hn.cn/msmf/.

④ http://www.library.hn.cn/tszy/dfwx/wshn/.

⑤ http://www.henanlib.gov.cn/webs/list/notice/580.html.

⑥ http://183.63.187.42/TPI/.

⑦ http://dlib.zslib.com.cn:8080/was40/search? channelid = 50528&dbcode = %e6%bd%ae%e6%b1%95%e6%96%87%e7%8c%ae%e4%b9%a6%e7%9b%ae.

续表

图书馆名称	资源名称	资源简介	权限
广东省立中山图书馆	客家文献目录①	客家文献目录,1571 篇	互联网
	广东名医②	收录广东名医 420 位	互联网
	广东名人志③	广东名人志,11 384 篇	互联网
	孙中山全文数据库④	收录 381 篇研究孙中山的文献全文	互联网
	地方文献图片数据库⑤	所收录图片包括广东百年图录 3843 幅、羊城寻旧 475 幅、辛亥革命在广东 450 幅、学人风采 818 幅	互联网
	生态环保图书馆全文库⑥	该全文库以原来的生态环保图书馆知识构架为基础,整合图书、期刊、报纸、学位论文、会议论文、专利、标准、视频等各类型文献;此外还制作环保人士数据库、环保视频资料库、环保图片数据库、环保专利数据库、环保标准数据库	互联网

① http://dlib.zslib.com.cn:8080/was40/search? channelid = 32750&dbcode = %e5%ae%a2%e5%ae%b6%e6%96%87%e7%8c%ae%e7%9b%ae%e5%bd%95.

② http://dlib.zslib.com.cn:8080/was40/search? channelid = 11657&dbcode = %e5%b9%bf%e4%b8%9c%e5%90%8d%e5%8c%bb.

③ http://dlib.zslib.com.cn:8080/was40/search? channelid = 57061.

④ http://dlib.zslib.com.cn:8080/was40/zslib/szsqwk.html.

⑤ http://183.63.187.41:8080/was5/web/index_df.jsp.

⑥ http://eweb.zslib.com.cn/com/sthblib/main.php.

续表

图书馆名称	资源名称	资源简介	权限
广西壮族自治区图书馆	广西文坛①	包括小说看台、散文随笔、诗歌部落、文学评论四个栏目	互联网
	农民进城务工②	农民进城务工技能专题资源，涵盖了农民进城务工可从事的大部分工种，包括家用电器、电子产品维修，电工操作、仪器仪表的使用和维护，汽车、摩托车、电动自行车等运输工具的维修，模具加工、车工技能、焊工技能，建筑施工安全技术、装修，布艺、时装、鞋子、工艺品的制作，宾馆、饮食服务，制茶工艺，美容、保健；国画、写意等	互联网
	八桂诗词库③	收录汉至当代作者关于广西的诗词作品5800余首	互联网
	幼教故事视频资源④	资源库内容丰富，涉及益智童话、科学常识、成语故事、智力开发、交通知识、健康常识、自然常识、安全常识、海洋知识、动物植物介绍、公共标识等方面知识	互联网
	广西社会主义新农村建设⑤	分文化旅游篇、种植篇、新农村建设管理篇、养殖篇、加工经营篇	互联网
	广西民国人物⑥	分民国将领、政府官员、学者专家、社会名人栏目	互联网

① http://gxwh. gxlib. org. cn/gxwentan/index. asp.

② http://gxwh. gxlib. org. cn/nmjc/index. asp.

③ http://gxwh. gxlib. org. cn/bgsc/gxsc. html.

④ http://gxwh. gxlib. org. cn/yegs/index. asp.

⑤ http://gxwh. gxlib. org. cn/bcbp/bcbp. asp.

⑥ http://www. gxlib. org. cn/gxmgrw/index. html.

续表

图书馆名称	资源名称	资源简介	权限
广西壮族自治区图书馆	广西民国照片①	分政治法律、文化教育、医疗卫生等10个栏目	互联网
	广西戏剧②	包括彩调剧、桂剧、壮剧、牛歌剧等	互联网
重庆图书馆	巴渝名人③	分别介绍重庆本籍及客籍名人	互联网
	巴渝览胜④	分名人故居、山水名城览胜栏目	互联网
	陪都记忆⑤	内容包括重庆大轰炸、陪都要闻、川军出川、大后方的抗战文化	互联网
	红色足迹⑥	内容包括红岩精神、风雨南方局、解放重庆、辛亥革命在重庆	互联网
	魅力新重庆⑦	内容包括各区县、两江新区、高新技术开发区的介绍	互联网
云南省图书馆	馆藏经典⑧	47种精品图书的简介及配图,目的是为让广大读者充分了解馆藏历史文献和地方文献的藏书特色,包括佛名宝忏、韵略易通、洪武南藏、永乐北藏、古今图书集成等;此外,还包括在馆藏地方文献的基础上,由云南省图书馆编著出版的《云南地方文献概说》《云南地方志述评》《历代宦滇督抚生平概略》等专著	互联网

① http://gxwh.gxlib.org.cn/gxmgzp/index.asp.
② http://gxwh.gxlib.org.cn/newxiju/xjzt.asp.
③ http://etc.cqlib.cn/local/danye.asp? cid=169.
④ http://etc.cqlib.cn/local/danye.asp? cid=158.
⑤ http://etc.cqlib.cn/local/danye.asp? cid=159.
⑥ http://etc.cqlib.cn/local/danye.asp? cid=160.
⑦ http://etc.cqlib.cn/local/index.asp.
⑧ http://www.ynlib.cn/z2011/tsgsy/sygcjd/zyz.htm.

续表

图书馆名称	资源名称	资源简介	权限
云南省图书馆	云南省古籍保护中心——三迤珍品①	云南省有51部传世珍本入选国务院公布的首批《国家珍贵古籍名录》，其中云南省图书馆有40部，本数据库内容包括其中9种传世珍本的简介与配图	互联网
陕西省图书馆	西安事变数据库②	西安事变相关史料，栏目设事变简介、人物志、大事记、纪念旧址、史料辑录、历史图库、追忆广角、历史评价、图书论著、机构学者、今日报道、影视文艺	互联网
	陕西帝王陵数据库③	介绍陕西从上古、西周、春秋战国、秦汉、南北朝、隋唐时期的帝王陵墓的分布、出土文物、保护状况等	互联网
	秦腔秦韵数据库④	对秦腔的剧本、剧目、配乐、舞台美术、戏曲机构、演出场所、名家、习俗等方面进行全面的介绍	互联网
	陕西非物质文化遗产数据库⑤	介绍陕西国家级和省级非物质文化遗产保护项目及传承人，另有非遗保护动态新闻、法规文件、论文专著	互联网
	陕西景观数据库⑥	对陕西各市、县、区景观及长安八景的介绍	互联网
	陕西民间美术数据库⑦	介绍陕西民间绘画，雕塑，建筑，工艺(包括木偶、皮影、印花布等11类)，民间美术艺人，民间美术研究机构、专家学者等	互联网

① http://www.ynlib.cn/z2011/gjbh/SYZP/zp.html.
② http://61.185.242.126:8080/sxlib/xianshibian/index.htm.
③ http://61.185.242.126:8080/sxlib/shanxidiwangling/index.htm.
④ http://61.185.242.126:8080/wenhua/qinqiangqinyun/index.htm.
⑤ http://61.185.242.126/feiwuzhi/default.htm.
⑥ http://61.185.242.126/bajing/index.htm.
⑦ http://61.185.242.126:8080/wenhua/minjianmeishu/index.htm.

续表

图书馆名称	资源名称	资源简介	权限
陕西省图书馆	陕西文史资料数据库①	分政治、军事、经济、文教卫生、社会、人物资料、综合、文学艺术8大类	互联网
甘肃省图书馆	文朔阁《四库全书》藏书馆②	包括“溯源至今”和“学术探微”栏目	互联网
	四库全书研究资源数据库③	该数据库设纂修论述、分类著录、书目提要、版本辑佚、文献研究、档案史料、禁毁窜改、人物论著、庋藏利用、学术研究、影印出版、专题研究、研究词条、研究图片、研究论著等专题，提供题名、作者（著者）、关键词、出版时间、出版物等多个检索字段；收录报纸、期刊、学位、会议论文、专著、图片、书影、工具词条等5000余篇	局域网
	西北地方文献资源数据库——西北地方文献书目提要数据库④	本数据库设题名、责任者、版本说明、出版发行、丛编、提要、自由词等项，揭示了甘肃省图书馆所藏清代至今成书或出版的有关陕西、甘肃、宁夏、青海、新疆五省（区），以及在自然区划、行政区划历史演变过程中与西北五省（区）边连地界有关的各科类图书的书目信息	局域网

① http://61.185.242.126:8080/sxlib/wenshiziliao/index.jsp.

② http://www.gslib.com.cn/skqs/sk.asp.

③ http://dbase3.gslib.com.cn/tpi_40/sysasp/share/login.asp? sysid=130.

④ http://www.gslib.com.cn/xdwx/xdwxjs.asp.

续表

图书馆名称	资源名称	资源简介	权限
甘肃省图书馆	西北地方文献资源数据库——西北地方文献图片数据库①	本数据库收录了与甘肃、陕西、青海、宁夏、新疆五省(区),以及在自然区划、行政区划历史演变过程中与西北五省(区)边连地界有关的,涉及历史地理、政治经济、民族宗教、文化教育、科学研究、体育卫生事业、工农业生产、自然资源、自然生态变化等内容的图片和文字说明	局域网
	西北地方文献资源数据库——西北地方文献报刊篇名索引数据库②	本数据库共设了 8 个大类,105 个小类,揭示了甘肃省图书馆 1905 年至 1990 年报纸、期刊中涉及西北五省(区)历史地理、政治经济、民族宗教、社会变革、文化教育、科学研究、丝路研究、工商、财政、金融、自然资源、自然生态变化等内容的文献篇目 27 499 条	局域网
	西北地方文献资源数据库——西北民族宗教史料文摘数据库③	本数据库分总论、历史地理、政治军事、社会结构、民族研究、宗教研究、经济生活、文化教育、生活习俗、人物等 10 个大类,摘录了甘肃省图书馆所藏民国时期报刊中有关甘肃、宁夏、青海和新疆四省(区)的民族和宗教资料 525 篇,约 150 余万字;在摘录过程中,根据资料的价值有详有略,但都忠于原文,力求准确,并注明原文出处和文章字数,以便查考	局域网
	西北地方文献资源数据库——丝绸之路文献叙录数据库④	本数据库分政治军事、历史地理、丝路交通、经济贸易、民族宗教、丝路人物、敦煌文化等 12 个大类,根据甘肃省图书馆收藏的新旧中文报刊,摘录了有关丝绸之路方面的研究论著 764 篇,编成百万字的叙录,内容丰富,涉及面广;对敦煌学、西域学、中亚学及民族学、语言学的研究具有重要参考价值	局域网

① http://dbase3.gslib.com.cn/tpi_40/sysasp/share/login.asp? sysid=99.

② http://dbase3.gslib.com.cn/tpi_40/sysasp/share/login.asp? sysid=114.

③ http://dbase3.gslib.com.cn/tpi_40/sysasp/share/login.asp? sysid=115.

④ http://dbase3.gslib.com.cn/tpi_40/sysasp/share/login.asp? sysid=122.

续表

图书馆名称	资源名称	资源简介	权限
甘肃省图书馆	西北地方文献资源数据库——西北地方文献报纸题录数据库①	本数据库包括陕西、甘肃、宁夏、青海、新疆等五省（区），揭示了甘肃省图书馆所藏民国时期至今西北地方报纸的题录信息	局域网
	西北地方文献资源数据库——西北地方文献期刊题录数据库②	本数据库包含陕西、甘肃、宁夏、青海、新疆等五省（区），揭示了甘肃省图书馆所藏民国时期至今西北地方期刊的题录信息	局域网
	省情资源数据库——甘肃省情③	内容包括地域文化、风景名胜、民族概况、宗教团体、特产风味、旅游交通、企业指南、社团组织、统计资料	局域网
	省情资源数据库——中外牦牛数据库④	该数据库是目前世界上最全面、系统的有关牦牛科学的专题文献数据库，截至目前，收录了超过98%的国内外正式发表的有关期刊论文、专著、会议文献、标准文献、专利文献、科技报告、报纸、学位论文等各类文献；中文文献全部为全文，外文文献为文摘、题录，收录年限为1928年至今	局域网

① http://dbase3.gslib.com.cn/tpi_40/sysasp/share/login.asp? sysid=105.

② http://dbase3.gslib.com.cn/tpi_40/sysasp/share/login.asp? sysid=106.

③ http://dbase3.gslib.com.cn/tpi_40/sysasp/share/login.asp? sysid=103.

④ http://dbase3.gslib.com.cn/tpi_40/sysasp/share/login.asp? sysid=109.

续表

图书馆名称	资源名称	资源简介	权限
甘肃省图书馆	省情资源数据库——沙尘暴研究专题数据库①	本数据库收集了1990年以来各报刊上发表的有关沙尘暴的研究文章700余篇,内容包括沙尘暴研究综述、沙尘暴的天气气候特征、沙尘暴的分析和预报、沙尘暴的遥感监测、沙尘暴的成分分析、数值模拟、沙尘暴的治理对策和预警监测、我国荒漠化研究的治理对策等	局域网
	省情资源数据库——甘肃工业发展研究专题数据库②	本数据库是依据甘肃省图书馆1994年至今馆藏资源、网上资源编辑而成,内容包括:综论综述、冶金矿业、石油化工、机械电子、轻工纺织、建筑工程、水利水电、交通运输、环境保护、民营企业等十个大类,基本概括了有关研究甘肃工业发展的各个方面的资料	局域网
	政府服务专题数据库——信息综览③	本数据库是从馆藏资源及网络资源中搜集而成,内容包括经济、教育、社会生活、地方文化、健康休闲等	局域网
	政府服务专题数据库——西部大开发论文精选数据库④	内容包括综论综述、政治法律、入世纵横、地区经济、旅游扫描、金融与投资、文教卫生、域外透视、资源开发、科技创新、农业经纬、工业发展、城市建设、基础设施、环保论坛、节能减排	局域网

① http://dbase3.gslib.com.cn/tpi_40/sysasp/share/login.asp? sysid=112.

② http://dbase3.gslib.com.cn/tpi_40/sysasp/share/login.asp? sysid=111.

③ http://dbase3.gslib.com.cn/tpi_40/sysasp/share/login.asp? sysid=100.

④ http://dbase3.gslib.com.cn/tpi_40/sysasp/share/login.asp? sysid=119.

续表

图书馆名称	资源名称	资源简介	权限
甘肃省图书馆	政府服务专题数据库——中国西部文化产业资料汇编数据库①	本数据库是从甘肃省图书馆馆藏资源、网络资源中收集而成,内容包括我国文化产业发展概况、西部文化产业发展概况、国外文化产业发展介绍、最新文化产业法律法规等	局域网
	标准文献数据库②	本数据库把中国国家标准书目按照标准号、标准题目、主题词、分类号、修订序号、序号、页码等检索词编辑而成	局域网
宁夏图书馆	塞上印象③	包括地方文献、抚今追古、视焦宁夏三部分,每部分内容为相关文章	互联网
新疆维吾尔自治区图书馆	东部看新疆④	包括时政快讯、经济纵横、文化资讯、社会聚焦4栏目,为新闻类文章	互联网
青海省图书馆	图说青海⑤	15张图片,包括蒙古族、土族、门源小油菜、青海枸杞等	互联网

① http://dbase3.gslib.com.cn/tpi_40/sysasp/share/login.asp? sysid=108.

② http://dbase3.gslib.com.cn/tpi_40/sysasp/share/login.asp? sysid=101.

③ http://www.nxlib.cn/ssyx/index.htm.

④ http://www.xjlib.org/0000019500040004_1.html.

⑤ http://www.qhlib.org/Product.asp? BigClassName=图说青海.

续表

图书馆名称	资源名称	资源简介	权限
黑龙江省图书馆	少数民族非物质文化遗产·黑龙江卷·赫哲族鱼皮制作技艺①	分保护历程、人物传记、鱼皮文化、鱼皮制品、制作技艺、视频播放板块	互联网
	龙江艺术精粹②	分黑龙江杂技、北派二人转、东北大鼓、龙江剧、话剧,介绍了各个剧种的由来、发展历程、节目种类、表演形式、剧目等方面	互联网
	寒地黑土农业技术开发利用数据库③	分黑土资源概况、种植栽培、病虫害防治、畜牧养殖、产品深加工栏目	互联网
	北大荒专题数据库④	分大荒概况、历史变迁、现代经济、大荒文化、少数民族、大荒精神、特色馆藏栏目	互联网
	犹太人在哈尔滨⑤	数据库包括经济活动、文化活动、宗教信仰、独特建筑栏目,内容主要来自画册《犹太人在哈尔滨》和《揭示哈尔滨犹太人历史之谜》	互联网
	黑土文化⑥	包括黑土历史、黑土民族、黑土宗教、黑土艺术、黑土视频、相关文献栏目	互联网

① http://www.hljlib.cn/fwzwh/index.html.

② http://was.ljwhxx.cn/sjk/.

③ http://was.ljwhxx.cn:8080/was40/hdht_index.htm.

④ http://221.212.156.214:8080/wasdemo/default.htm.

⑤ http://www.ljwhxx.cn/ytrzhr/.

⑥ http://was.ljwhxx.cn:8080/was40/htwhindex.jsp.

续表

图书馆名称	资源名称	资源简介	权限
吉林省图书馆	东北抗日联军斗争史①	内容包括抗联历史概述、抗联军队沿革、抗联人物、相关图片、相关事件、背景资料、抗联故事	互联网
	吉林省非物质文化遗产数据库②	分曲艺、民间舞蹈、民俗、民间美术、杂技与竞技、传统手工艺竞技、传统戏剧、民间文学、民间音乐版块	互联网
	吉林二人转数据库③	介绍二人转艺术,分简介、术语、人物、剧目、机构、资料、图片、音频、视频栏目,介绍性文字居多,部分有配图和视频	互联网
	打牲乌拉数据库④	介绍清代采供中心打牲乌拉总管衙门,分乌拉概述、打牲贡品、乌拉史迹、人物春秋版块	互联网
	吉林省旅游数据库⑤	长春、吉林、四平、辽源、通化、延边、白城、白山、松原地区景点简介	互联网
	长白山动植菌物图片数据库⑥	分动物、植物、菌类,内容为图片及介绍文字	互联网
	东北抗联数据库⑦	介绍东北抗日联军,分抗联背景、机构沿革、人物志、大事记、相关资料、历史记忆、影视作品	互联网

① http://www.jlplib.com.cn/szzy/dbkrljdzs/.
② http://218.62.43.198/tpi/WebSearch_FY/Index.aspx.
③ http://218.62.43.198/tpi/WebSearch_ERZ/Index.aspx.
④ http://218.62.43.198/tpi/WebSearch_DSWL/Index.aspx.
⑤ http://218.62.43.198/tpi/WebSearch_LY/Index.aspx.
⑥ http://218.62.43.198/tpi/WebSearch_DZJW/Index.aspx.
⑦ http://218.62.43.198/tpi/WebSearch_DBKL/Index.aspx.

续表

图书馆名称	资源名称	资源简介	权限
吉林省图书馆	吉林省农业种植数据库①	介绍吉林省农业植物品种、特性特征及适宜种植范围，分粮食作物、经济作物、油料作物、园艺作物、药用植物	互联网
	中国朝鲜族专题数据库②	介绍朝鲜族的文章及相关图片、音视频，分概述、民俗、艺术、文学、游乐、医药、人物栏目	互联网
	吉林省红色历史文化专题数据库③	吉林省红色历史文化专题，分红色历程、历史事件、红色印记、革命英烈、红色文艺、红色旅游、振兴吉林栏目	互联网
	萨满文化数据库④	介绍萨满文化，分萨满概述、萨满神系、萨满祭祀、萨满艺术、相关人物栏目	互联网
	吉林省编年纪事⑤	勾勒源远流长的历史发展的主要脉络和轮廓，记录远古至今的吉林省历史	互联网
	吉林省两院院士及省管优秀专家数据库⑥	介绍省内专家简历、学术状况、获奖情况、单位、职位、职称	互联网
	杨靖宇将军专题⑦	介绍杨靖宇将军，分杨靖宇故事、杨靖宇生平、杨靖宇遗作，及相关图片、新闻报道和文章栏目	互联网

① http://218.62.43.198/tpi/WebSearch_NY/Index.aspx.
② http://218.62.43.198/tpi/WebSearch_CXZ/Index.aspx.
③ http://218.62.43.198/tpi/WebSearch_HSLS/Index.aspx.
④ http://218.62.43.198/tpi/WebSearch_SM/Index.aspx.
⑤ http://www.jlplib.com.cn/szzy/jlsbnjs/.
⑥ http://www.jlplib.com.cn/szzy/lyysjsjzj/.
⑦ http://www.jlplib.com.cn/szzy/yjyjzt/.

续表

图书馆名称	资源名称	资源简介	权限
吉林省图书馆	吉剧文化多媒体资源库①	介绍从二人转发展而来的吉剧，分概述、剧目、人物、机构、术语栏目	互联网
	纪念中国人民抗日战争胜利六十周年②	本专题共分为日本扩大侵华与中国局部抗战、日军的大规模进攻和中国局部抗战、抗日战争的最后胜利三个部分，主要通过图片，直观反映真实历史，以纪念中国人民抗日战争胜利六十年	互联网

① http://218.62.43.198/tpi/WebSearch_JJ/Index.aspx.

② http://www.jlplib.com.cn/szzy/sllszn/.

国家图书馆出版社简介

国家图书馆出版社，原名书目文献出版社，1979 年成立，1996 年更名为北京图书馆出版社，2008 年改为现名。

本社是由文化部主管、国家图书馆主办的中央级出版社。2009 年 8 月，在新闻出版总署首次经营性图书出版单位等级评估中被定为一级出版社，并被授予“全国百佳图书出版单位”称号。

建社 30 余年来，本社通过与各图书馆密切合作，形成了两大专业出版特色：一是整理影印中文古籍等各种稀见历史文献；二是编辑出版图书馆学、信息管理学著译作，以及各种书目、索引等中文工具书。此外还编辑出版各种文史著作和传统文化普及读物。